BIRGIT M. BEGUS
NOËLLE THIEUX-DENZINGER

HEROES

Was wir von modernen Heldinnen und Helden
über die Kraft der Resilienz lernen

NEUE ERDE

Bücher haben feste Preise.
1. Auflage 2020

Birgit Begus + Noëlle Thieux-Denzinger
Heroes

Titelseite:
Fotos: siehe Bildnachweis
Gestaltung: Noëlle Thieux-Denzinger

Satz und Gestaltung:
Noëlle Thieux-Denzinger

Gesamtherstellung: Appel & Klinger, Schneckenlohe
Printed in Germany

ISBN 978-3-89060-776-4

Neue Erde GmbH
Cecilienstr. 29 · 66111 Saarbrücken
Deutschland · Planet Erde
www.neue-erde.de

MIX
Papier aus verantwortungsvollen Quellen
FSC® C100257

Für alle unbekannten Heldinnen und Helden

Alle Stärke liegt innen,

nicht außen.

\- Jean Paul -

Prolog

Helden sind mutig, überwinden sich, leisten Außerordentliches. Sie besiegen Ungeheuer und Riesen in Mythen und Märchen und überwinden ihre Angst, ihre Einsamkeit und Zweifel im wirklichen Leben.

Heldinnen und Helden sind nicht nur die berühmten Persönlichkeiten dieses Buches und nicht nur jene Menschen, die eine großartige Tat vollbracht haben. Oft ist es das leise Meistern schwerer Lebenssituationen, welches das Heldentum eines Menschen ausmacht. Es gibt viele Heldinnen und Helden. Die meisten begegnen uns, ohne dass wir etwas von ihrer inneren Größe ahnen. Für dieses Buch haben wir Prominente als Vorbilder innerer Widerstandskraft gewählt, weil ihre Biografien vielen Menschen vertraut sind.

Niemand wird als Held oder Heldin geboren. Erst im Leben, durch unser Handeln bei Schicksalsschlägen und Reagieren in Krisensituationen – also durch unsere Antworten auf die Schwierigkeiten des Lebens – können wir uns dazu entwickeln. Die Widerstandskraft, ***– auch Resilienz genannt –,*** die wir hierfür brauchen, entsteht aus vielen Elementen: aus Durchhaltevermögen, aus förderlichen inneren Einstellungen, wie etwa dem Mut, an sich selbst zu arbeiten; aus Geduld und Nachsicht sowie der Größe, verzeihen zu können; aus Sinnüberlegungen und Vertrauen in das Leben sowie aus ermutigenden äußeren Bedingungen, wie etwa der Unterstützung oder der bestätigenden Reaktion von Menschen.

Dieses Buch befasst sich mit der Frage, woraus die Resilienz, die einen Menschen zur Heldin oder zum Helden werden lässt, genauer besteht. Darüber hinaus gibt es differenzierte Hinweise, wie Sie die eigene Resilienz oder die der Menschen, die Sie unterstützen möchten, stärken können. Zunächst wird an Hand der Aussagen prominenter Persönlichkeiten, die Schweres überstanden haben, jeweils ein wichtiges Element der Resilienz aufgezeigt und dann Vorschläge gemacht, wie man diesen bestimmten Aspekt bei sich oder anderen fördern kann. Die Betonung eines bestimmten Bestandteiles der Resilienz bei den einzelnen Schicksalen soll hierbei nur der Erklärung und Verdeutlichung desselben dienen. Es ist das Zusammenspiel dieser unterschiedlichen und sich doch ergänzenden Aspekte, das uns seelische Widerstandskraft schenkt, uns zur Heldin oder zum Helden werden lässt.

Inhalt

Was wir von modernen Heldinnen und Helden über Resilienz lernen

1. Aspekt der Resilienz:

Die Realität sehen

Ich setze mir aus
vielen Informationen
ein möglichst reales Bild
der Situation zusammen.
Die Landkarte
des Geschehens muss
stimmen.

-Wolfgang Schäuble-

Wolfgang Schäuble, Oberbranddirektor der Berufsfeuerwehr München, leitet 3500 Männer und Frauen, die im Katastrophenfall aktiv helfen und retten.

1. Aspekt der Resilienz: die Realität sehen

Die Realität erkennen

KURZBIOGRAFIE:

Oberbranddirektor Wolfgang Schäuble *unterstehen im Katastrophenfall mehr als 3.500 Männer und Frauen, die aktiv Menschen helfen, retten und Schadensbegrenzung betreiben. Er leitet nicht nur die Berufsfeuerwehr und die freiwilligen Feuerwehren Münchens, sondern auch den Katastrophenschutz und den Zivilschutz in München. In seiner verantwortungsvollen Funktion koordiniert Wolfgang Schäuble auch die Zusammenarbeit zwischen der Landeshauptstadt und den externen Institutionen in Zivilschutz- und Verteidigungsangelegenheiten. Außerdem ist er Vorsitzender der Arbeitsgemeinschaft der Leiter der Berufsfeuerwehren in Bayern. Wolfgang Schäuble ist als Berater für Krisensituationen von Vorständen großer Unternehmen sehr gefragt.*

Der erste Schritt auf dem Weg, eine Krise oder einen Schicksalsschlag zu bewältigen, ist das Erkennen der neuen Wirklichkeit. Die Landkarte des Geschehens muss stimmen.

Wir nehmen die Wirklichkeit immer subjektiv wahr, auch in guten Zeiten. Nach einem Schicksalsschlag oder in einer Krise fällt uns das Sehen und Begreifen der veränderten Realität besonders schwer, denn Schock, Angst und Hoffnung filtern und verengen unsere Wahrnehmung. Wir nehmen nur auf, was zu unseren aufgewühlten Emotionen passt. Schon ein körperlicher Schmerz lässt uns weniger von unserer Umwelt wahrnehmen, wieviel weniger nehmen wir im Vergleich dazu bei einem seelischen Schmerz wahr?

Zusätzlich können uns die Suche nach Schuld oder das Empfinden von Scham am Sehen der Realität hindern. Zu einem späteren Zeitpunkt mag es richtig sein, das Geschehen zu rekonstruieren – wenn man damit zukünftige Fehler vermeiden kann. Zunächst jedoch sind die Suche nach Schuld und das Empfinden von Scham eine große Versuchung, sich vom Geschehen abzulenken. Das vermeintliche Erkennen von Schuld kann die Fassungslosigkeit blitzschnell in Hass auf andere oder auf sich selbst transformieren und zu falschen Aktionen verleiten. Es sind immer viele Faktoren, die zu einem Ereignis führen. Einen Sündenbock zu suchen schwächt die innere Widerstandskraft, unsere Resilienz, und lenkt nur vom Sehen der Realität ab.

Wir brauchen also in Krisensituationen Hilfe, Schutz und Orientierung durch andere beim Erkennen der Realität, durch Familie, gute Freundinnen, Freunde und Fachleute, selbst wenn wir aktiv wirken.

»Das Gewinnen von Informationen über die Situation ist extrem wichtig«, betont Wolfgang Schäuble, dessen Beruf es ist, ständig mit kritischen Situationen umzugehen. »Ich setze mir aus vielen Informationen ein möglichst reales Bild der Situation zusammen. Auf diesem Bild baut man nach der anschließenden Informationsbewertung die Maßnahmen auf. Die ‚Landkarte' muss stimmen! Wenn man einen Berg statt eines Meeres auf seiner Karte eingetragen hat, bewegt man sich falsch und nimmt unpassende Hilfsmittel. Es ist entscheidend, umfassende Informationen über die gegenwärtige Lage zu sammeln, die Situation aus Abstand zu betrachten, auch die Umgebung zu sehen, den Katastrophenherd zu ‚umrunden' und neue, verschiedene Blickwinkel einzunehmen, um die Situation möglichst klar zu begreifen.

Erst wenn ich die Informationen umfassend gewonnen habe, kann ich sie bewerten und die richtige Priorisierung der Gefahren vornehmen. Dann wäge ich ab, welche Handlungsmöglichkeiten bestehen und entscheide. Ist das gewonnene Bild falsch, greife ich mit den Maßnahmen ins Leere.

Übrigens beginnen wir während des Umsetzens der Entscheidungen sofort mit einer neuen Runde von Informationsgewinnung, Informationsbewertung, Priorisierung der Gefahren, Abwägen neuer Handlungsmöglichkeiten, usw.«[1]

Wenn wir selbst betroffen sind, erschließt sich uns die vollständige Dimension der Veränderung erst nach und nach. Umso wichtiger ist es, Hilfe von Menschen zu erbitten und anzunehmen, die klar sehen, während man sich selbst langsam der veränderten Realität annähert, das Geschehene versucht einzuordnen, um die neue Realität später akzeptieren zu können.

In der Zeit der Bildgewinnung braucht man die Hilfe von Menschen, die ihre Emotionen wegdrücken können. Deren psychische Belastung wird später verarbeitet.

-Wolfgang Schäuble-

Essenz

- *Der erste Schritt zur Bewältigung einer schwierigen Situation ist das Erkennen der (neuen) Wirklichkeit.*
- *Sind wir selbst betroffen, nehmen wir die entstandene Situation nur selektiv wahr.*
- *Deshalb brauchen wir die Hilfe anderer Menschen, um die Realität umfassend erkennen und sinnvolle Entscheidungen treffen zu können.*
- *Die Stufen des Sehens der Realität sind:*

1) Umfassende Informationsgewinnung,
2) Bewerten der Informationen,
3) Priorisieren der Gefahren,
4) Abwägen der Handlungsmöglichkeiten,
5) Entscheidung über Maßnahmen,
6) Umsetzung der Maßnahmen,
7) Erneute Informationsgewinnung, Informationsbewertung, Priorisierung der Gefahren, Abwägen der Handlungsmöglichkeiten usw.

2. Aspekt der Resilienz:

Die neue Realität akzeptieren

Ein wichtiges Mittel, um mich mit der Wirklichkeit meiner neuen Lebensform zu konfrontieren, war Stille, der ich mich immer wieder bewusst aussetzte.

-Samuel Koch-

Samuel Koch, Schauspieler und Buchautor, verunglückte bei einer TV-Show schwer.

2. Aspekt der Resilienz: Die neue Realität akzeptieren

Die neue Wirklichkeit anerkennen

KURZBIOGRAFIE:

Samuel Koch *verletzte sich 2010 schwer, als er in der Fernsehshow »Wetten, dass…?« mit speziellen Sprungstiefeln über ein fahrendes Auto sprang. Er war 23 Jahre alt. Seither ist Samuel, der begeisterter Kunstturner war, vom Hals abwärts querschnittgelähmt.*
Trotz der damit verbundenen vielfältigen Einschränkungen nahm Samuel Koch nach etwas mehr als einem Jahr das vor dem Unfall begonnene Schauspielstudium wieder auf und legte zwei Jahre später die Abschlussprüfung mit Erfolg ab. In seiner Abschlussarbeit mit dem Titel: »Die Entdeckung der Reduktion« setzt er sich mit dem Thema der Behinderung auf der Bühne auseinander.
Samuel Koch ist festes Ensemblemitglied am Staatstheater Darmstadt, Buchautor und Filmschauspieler. Er nützt seine Bekanntheit in mannigfacher Form, um Rückenmarksforschung und soziale Projekte für Querschnittgelähmte oder Rückenmarksverletzte zu unterstützen. Seit 2016 ist er verheiratet.

Ich hatte im wahrsten Sinn des Wortes das Gefühl, im falschen Film zu sein«,[2] beschreibt Samuel Koch seine Wahrnehmung beim Auftauchen aus der Betäubung in der Klinik. »Das darf nicht wahr sein!« ist oft der erste Ausruf Betroffener auf dem Höhepunkt einer Krise oder bei einem Schicksalsschlag. Aus diesen Bemerkungen spricht die Distanz zum Geschehen und der neu entstehenden Realität. Noch fühlen sich diese Menschen nicht mit ihr verbunden, sind Zuschauer, schieben die Veränderung weit von sich.

Zwischen dem Sehen der Situation und dem Anerkennen der veränderten Wirklichkeit liegt eine Spanne, in der sich das Hoffen, dass alles nicht so schlimm sei, und das Fürchten vor dem, was auf einen zukommen mag, abwechseln. Der Verstand kann vielleicht die neue Realität wahrnehmen, aber die unterschiedlichen und zum Teil auch gegensätzlichen Empfindungen wie Empörung, Zorn, Verzweiflung oder Gefühle der Verlassenheit, der Sinnlosigkeit, Niedergeschlagenheit und dann doch wieder Mut und Zuversicht kämpfen miteinander. Sie beeinflussen sich gegenseitig und vor allem auch unsere Wahrnehmung.

»Ein wichtiges Mittel, um mich mit der Wirklichkeit meiner neuen Lebensform zu konfrontieren, war Stille, der ich mich immer wieder bewusst aussetzte... Mit der Zeit sickerten immer mehr Einsichten in mein Denken... und ich fragte mich, was mir das alles sagen sollte«, schreibt Samuel Koch. »Wer bin ich ohne das, was ich verloren habe? War das Verlorene das Einzige, was meinen Wert als Mensch ausmacht? Was bleibt?«[3]

Der Wandel im Denken und in der Wahrnehmung braucht Zeit. Es kann ein langer Prozess sein, bis wir innerlich zu dem Punkt kommen, an dem wir uns eingestehen: »So ist es – und nicht anders.« Das bedeutet nicht, dass wir uns für immer mit dem Status quo zufrieden geben müssen. Aber das Anerkennen der neuen Realität ist eine wichtige Voraussetzung, diese gestalten zu können.

2. Aspekt der Resilienz: Die neue Realität akzeptieren

Die neue Realität anzuerkennen heißt, sie als Teil unseres gegenwärtigen Lebens anzunehmen, dem Geschehenen und seinen Folgen Platz in unserem Leben zu geben. Verdrängen wir das Schmerzliche ins Unbewusste, sucht es sich einen anderen Weg ans Licht. Das können Schlafstörungen, Alpträume, organische Probleme, Verhaltensstörungen oder psychosomatische Beschwerden sein.

In der Zeit des Realitätsverlustes kann es helfen, sich auf das Jetzt zu konzentrieren. Das, was war, ist nicht mehr. Das, was kommt, kann man noch nicht fassen. Das Jetzt, die alltäglichen kleinen Verrichtungen und Dinge geben den Halt, den man braucht, um immer öfter einen Blick auf die entstandene Situation zu lenken, zu pendeln zwischen Rückschau, Bestandsaufnahme und Blick in die Zukunft, zwischen Verstand und Empfindungen.
Solange wir alles Neue mit dem Alten vergleichen, werden wir leiden. Erst wenn wir die neue Realität anerkennen, können wir sie zum Besseren gestalten und auch Gutes darin erkennen. »Ich persönlich halte mich bereit, für alles was da kommen mag. Andererseits will ich mich aber auch nicht zu sehr verkrampfen und auf zukünftige Entwicklungen hoffen. Es kommt darauf an, in der Gegenwart zu leben«,[4] erkennt Samuel Koch. Denn das Jetzt ist unser Leben.

Man kann dem Menschen...alles nehmen, nur nicht: die letzte menschliche Freiheit, sich zu den gegebenen Verhältnissen so oder so einzustellen. Und es gibt ein ‚So oder so'!

-Viktor Frankl-

Essenz

- *Bevor wir die neue Wirklichkeit innerlich akzeptieren können, wechseln sich die unterschiedlichsten Empfindungen in uns ab. Sie beeinflussen unsere Wahrnehmung jeweils sehr stark.*
- *Deshalb ist es weiterhin unabdingbar, die Unterstützung von Fachleuten, Freundinnen und Freunden anzunehmen.*
- *Halt gibt, wenn man sich auf das Jetzt konzentriert.*
- *Hilfreich ist darüber hinaus, in die Stille zu gehen, um in ihr und aus ihr heraus die neue Situation anzuschauen.*
- *Die neue Realität zu akzeptieren bedeutet, das Geschehen und seine Folgen als Teil unseres gegenwärtigen Lebens anzunehmen.*
- *Erst wenn wir die neue Situation anerkennen, so wie sie ist, können wir beginnen, sie zu gestalten.*
- *Die Suche nach dem Positiven erweitert den Tunnelblick.*

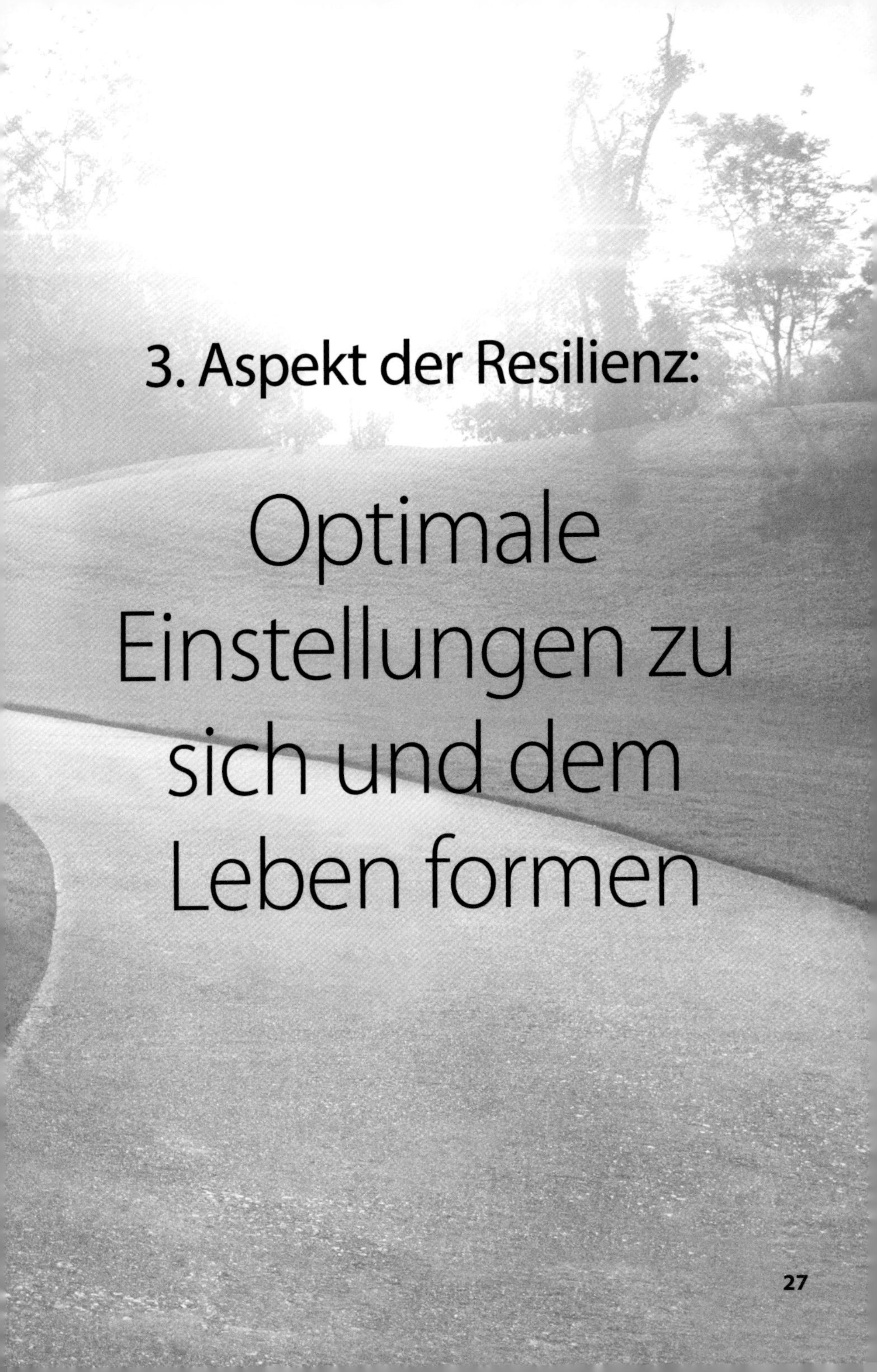

3. Aspekt der Resilienz:

Optimale Einstellungen zu sich und dem Leben formen

Ich habe mit meinem späteren Ich einen Pakt geschlossen, dass es kommen und das kleine Mädchen befreien würde.

-Natascha Kampusch-

Natascha Kampusch, Autorin, wurde mit zehn Jahren entführt . Nach mehr als acht Jahren gelang ihr die Flucht aus der Gefangenschaft.

3. Aspekt der Resilienz: Optimale Einstellungen zu sich und dem Leben formen

Gestalter, Gestalterin oder Opfer?

KURZBIOGRAFIE:

Natascha Kampusch *wurde als zehnjähriges Mädchen von einem Mann entführt, von ihm die meiste Zeit in einem Kellerverlies gefangen gehalten, häufig gedemütigt und erniedrigt.*

»Ich habe mit meinem späteren Ich einen Pakt geschlossen, dass es kommen und das kleine Mädchen befreien würde«,[5] schreibt sie später in ihrem ersten Buch.

Nach achteinhalb Jahren gelingt Natascha Kampusch die Flucht. Zwei Wochen nach ihrem Entkommen gibt sie ein erstes Interview und überrascht die Zuschauerinnen und Zuschauer, von denen viele ein Häufchen Elend erwartet hatten, als selbstbewusste junge Frau, die gefasst und nachdenklich über ihre Gefangenschaft und den Entführer spricht.

Bin ich Gestalter, Gestalterin meines Lebens – auch nach einem Schicksalsschlag? Oder fühle ich mich ganz als Opfer der Umstände oder bestimmter Menschen? Das sind wichtige, vielleicht die entscheidenden Fragen, die wir uns in schwierigen Situationen stellen sollten. Welche Möglichkeiten habe ich, mein Leben, so wie es jetzt aussieht, zu gestalten? Manchmal ist es verlockend, sich als Opfer zu fühlen. Man spürt keine Verantwortung, kann klagen, erfährt vielleicht Mitleid. Mehr noch: Man wird nicht unbedingt bewundert, wenn man nicht in der Opferrolle verharrt. Natascha Kampusch wird zum Teil immer noch angefeindet und angezweifelt, weil sie nie als gebrochenes Opfer auftrat oder auftritt. »Ein Opfer soll sich wegducken, das Trauma womöglich als Monstranz vor sich hertragen«,[6] sagt sie. Teile der Gesellschaft lieben Opfer. Aber das Verharren in der Opferrolle lähmt: Andere Menschen bestimmen unser Leben.

Ob wir unsere Gestaltungsmöglichkeiten ausschöpfen, hängt von unseren Erfahrungen und unseren inneren Einstellungen ab. Die Erfahrungen sind gemacht. Ihre Bewertung jedoch und unsere Einstellungen haben wir selbst geformt oder von anderen Menschen übernommen. Wir können sie jeder Zeit ändern.

Innere Einstellungen bilden wir, indem wir etwas positiv oder negativ bewerten und dann diese Bewertung dauerhaft behalten. Salopp könnte man sagen: Innere Einstellungen sind festgezimmerte Meinungen. Durch sie werden unsere Wahrnehmung, unsere Empfindungen und unser Verhalten in Bezug auf das Bewertete gleichförmig. Nach einiger Zeit werden uns unsere Einstellungen oft unbewusst und meist umgeben wir uns auch mit Menschen, die sie teilen. Dies führt dazu, dass wir unsere Einstellungen für selbstverständlich, fast naturgegeben halten. So bekommen sie große Macht über unser Erleben und unser Handeln. Einmal gefasste Einstellungen vereinfachen zwar unser Leben, weil wir »ein für alle Mal« entschieden haben, engen es jedoch gerade dadurch auch ein. Es gilt, die eigenen Einstellungen immer wieder zu hinterfragen.

Wenn wir eine Einstellung ändern wollen, kann der erste hilfreiche Schritt sein, zu ergründen: Wie entstand diese innere Haltung? Wo kommt sie zum Tragen? Welche Wirkung hat sie auf mich? Welche Folgen entstehen für andere? Meistens verändert sich schon etwas in uns, wenn uns negative Folgen bewusst werden. Des Weiteren können wir mit Menschen sprechen, die einen anderen Blickwinkel haben als wir. Wir können mit ihnen Argumente für eine neue, günstigere Einstellung finden und uns Vorbilder und Freunde suchen, die die neue Einstellung leben.

Natürlich ist man auch als Gestalterin oder Gestalter manchmal verzweifelt, mutlos. Aber man sucht und findet immer wieder einen Bereich, in dem man das Leben gestalten kann, wobei es wichtig ist, positive aber realistische Erwartungen zu haben.
Positive innere Einstellungen lösen nicht immer ein Problem, aber durch unsere geänderte innere Haltung nehmen wir die Schwierigkeit anders wahr. Als Opfer fühlen wir uns klein. Mit dem Wissen, dass wir zumindest immer die Freiheit haben, unsere Einstellung zu ändern, wenn sich an den Tatsachen nicht rütteln lässt, werden wir frei.
Positive innere Einstellungen haben zudem nicht nur große Wirkung auf unsere Psyche, sondern auch auf unser Immunsystem, das nach einem Schicksalsschlag immer unter besonderer Belastung steht.

Es gibt Menschen, die wissen, dass sie ihre Einstellungen kontrollieren können und solche, die von ihren Einstellungen kontrolliert werden.

-Keith Harrell-

Essenz

- *Unser Erleben wird stark von unseren inneren Einstellungen beeinflusst.*
- *Einstellungen haben wir gebildet, indem wir etwas bewerteten und bei dieser Bewertung blieben,ohne ihre Richtigkeit hin und wieder zu überprüfen.*
- *Eine sehr einflussreiche Einstellung ist diejenige, ob wir uns als Opfer oder als Gestalterin oder Gestalter unseres Lebens sehen.*
- *Die Opferhaltung lähmt.*
- *Mit der inneren Haltung, Gestalterin oder Gestalter zu sein, suchen wir nach Möglichkeiten, unser Leben so positiv wie möglich zu gestalten.*
- *Lässt sich nichts an den äußeren Umständen ändern, können wir unsere innere Einstellung dazu umformen und damit die Situation anders erleben.*
- *Hinderliche innere Einstellungen können wir ändern, indem wir*
  - uns die negativen Folgen bewusst machen,
  - Argumente für eine günstigere Einstellung suchen,
  - uns Vorbilder suchen, welche die neue Einstellung verkörpern,
  - uns mit Menschen umgeben, die die neue Einstellung leben,
  - unsere Perspektive wechseln.
- *Die Einstellung: »Nichts darf sich ändern!« macht unglücklich.*
- *Offenheit für das Neue schafft Gestaltungsraum.*

Die Terroristen dachten,
sie würden meinen Absichten
ein Ende machen.
Doch in meinem Leben hat
sich nichts geändert, nur dies:
Schwäche, Angst und
Hoffnungslosigkeit sind
gestorben. Stärke, Kraft und
Mut wurden geboren.

-Malala Yousafzai-

Malala Yousafzai
ist Kinderrechtsaktivistin und
jüngste Friedensnobelpreisträgerin.
Sie wurde Opfer eines Attentates.

3. Aspekt der Resilienz: Optimale Einstellungen zu sich und dem Leben formen

Die innere Freiheit wahren

KURZBIOGRAFIE:

Malala Yousafzai *ist eine Kinderrechtsaktivistin aus dem Swat-Tal in Pakistan. Schon als Elfjährige berichtete sie auf einer Webseite der BBC in einem Blog-Tagebuch über die Gewalttaten der Taliban in ihrer Heimat, die über ihre Gräueltaten hinaus auch den Schulbesuch der Mädchen, Tanzen und Singen verboten und Vollverschleierung forderten. Im Oktober 2012 wurde die 15 Jahre alte Malala Opfer eines gegen sie gerichteten Attentats.*
Sie wurde an ihrem Kopf und ihrem Hals schwer verletzt und musste in einer Spezialklinik in England behandelt werden.
Malala ist die jüngste Friedensnobelpreisträgerin der Welt.
Sie lebt heute mit ihrer Familie in Birmingham im Exil, setzt sich weiterhin für die Bildung von Kindern und die Rechte von Frauen ein und wurde 2017 Friedensbotschafterin der UN.

Das Leben wollte man Malala Yousafzai nehmen, weil sie sich durch nichts daran hindern ließ, über die Gewalttaten der Taliban zu berichten. Doch sie überlebte den Mordanschlag nicht nur, sondern bewahrte sich auch ihre innere Freiheit, weiterhin das zu tun, was sie für wichtig hält. [7]

Unter äußerer Freiheit verstehen wir meist die Möglichkeit, ohne Druck von außen zwischen verschiedenen Möglichkeiten des Handelns wählen zu können. Genauso entscheidend, vielleicht sogar entscheidender ist jedoch unsere innere Freiheit. Wir haben innere Grenzen – selbst aufgebaute oder übernommene – die manchmal genauso wirksam sind wie äußere Zwänge. Sie hindern uns möglicherweise daran, die Chancen zu nutzen, die uns unter gegebenen Umständen zur Verfügung stehen.

Diese inneren Grenzen können aus Reflexen und Gewohnheiten, aus Konditionierungen der Kindheit bestehen, aus einem überhöhten Selbstbild oder aus dem Glauben, andere Menschen würden etwas Bestimmtes von uns erwarten. Übernommene Rollenmuster, Traditionen, Konventionen, manche Moralvorstellungen sind imstande, uns über die Maßen in unseren Möglichkeiten der Krisenbewältigung einzuengen. Eine geringe Selbstwirksamkeits-Überzeugung und ungeprüfte innere Einstellungen können weitere Gründe für unsere inneren Grenzen sein.

Im Zusammenhang mit Resilienz bedeutet innere Freiheit insbesondere:

- die Freiheit von reflexhaften Reaktionen auf das schlimme Geschehen,
- die Kraft, inne zu halten und zu überlegen,
- die Entschlossenheit, sich Hilfe zu holen,
- die Stärke, das eigene Denken und hinderliche Einstellungen zu ändern,
- die Fähigkeit, das Geschehene in die eigene Identität zu integrieren, denn alles, was uns passiert, verändert uns,

- den Mut, die Angst vor Gesichtsverlust und Ablehnung zu überwinden.

Unbewusstheit über sich selbst und Angst sind die häufigsten Ursachen innerer Unfreiheit. Deshalb ist das Erweitern unserer Bewusstheit bezüglich unserer Prägungen, unserer Gedanken, Emotionen und Handlungsimpulse ein wichtiger Schritt, unsere innere Freiheit auszubauen. Wir haben dem Thema des Suchens nach Erkenntnissen über sich selbst ein eigenes Kapitel gewidmet beim 8. Aspekt der Resilienz.

Angst, die zweite häufige Ursache von innerer Unfreiheit, begleitet uns unser Leben lang, Angst vor dem Verlassen-Werden, Angst vor zu enger Bindung, Angst vor dem Ungewissen und Angst vor dem Endgültigen. Jede Begegnung mit Neuem, besonders wenn wir uns der Bewältigung der neuen Situation nicht gewachsen fühlen, ist mit Angst verbunden.
Angst warnt uns vor Gefahren und gleichzeitig trägt sie die Aufforderung in sich, sie zu überwinden. Da Angst unseren Blick zu einem Tunnelblick verengt, brauchen wir auch hier die Hilfe anderer. Wir müssen sprechen, unsere Angst in Worten ausdrücken und zuhören, wie emotional weniger betroffene Menschen die Situation und die Möglichkeiten sehen.
Das Annehmen und das Überwinden der Angst bedeuten immer einen großen Entwicklungsschritt in unserer Persönlichkeit. Sie lassen uns reifen. Auch Heldinnen und Helden haben Angst. Doch sie überwinden sie.
Innere Freiheit ist keine Freiheit von Moral oder Ethik. Unsere innere Freiheit ist durch die Liebe und die Verantwortung für die anderen Menschen mit diesen verbunden und ist spätestens dort begrenzt, wo wir diesen schaden würden.

Niemand ist frei, der über sich selbst nicht Herr ist.

-Matthias Claudius-

Essenz

- *Wir haben innere Grenzen, die manchmal ebenso wirksam sind wie äußerer Druck.*
- *Unbewusstheit und Angst sind die häufigsten Gründe innerer Unfreiheit.*
- *Deshalb ist Selbsterforschung ein wichtiger Schritt, unsere innere Freiheit zu vergrößern. (siehe 8. Aspekt der Resilienz)*
- *Angst warnt und appelliert gleichzeitig an uns, sie zu überwinden.*
- *Das sich Eingestehen und das Überwinden der Angst lassen uns reifen.*
- *Die Liebe und die Verantwortung für die anderen Menschen setzen unserer inneren Freiheit Grenzen.*

4. Aspekt der Resilienz:

Sinn finden und Sinn erschaffen

Es gibt keine Lebenssituation, die wirklich sinnlos wäre.

-Viktor Frankl-

Viktor Frankl, Professor für Neurologie und Psychiatrie, überlebte das Konzentrationslager.

»Trotzdem Ja zum Leben sagen«

KURZBIOGRAFIE:

Viktor E. Frankl *kam 1905 in Wien zur Welt. Er ist bereits erfolgreicher Neurologe und Psychiater, als ihm aufgrund seiner jüdischen Herkunft 1938 untersagt wird, »arische« Menschen zu behandeln. Obwohl er 1941 die Möglichkeit hätte, in die USA auszureisen, bleibt er, um seine Eltern nicht allein zu lassen.*
Er heiratet. Nur wenige Monate später werden er, seine Frau und seine Eltern ins Ghetto Theresienstadt deportiert. Dort stirbt sein Vater, seine Mutter und sein Bruder werden in Auschwitz ermordet, seine junge Frau stirbt in Bergen-Belsen. Viktor Frankl selbst wird 1944 nach Auschwitz, dann nach Kaufering und in das Lager Türkheim gebracht, wo er von der US-Armee befreit wird. Schon ein Jahr später schreibt er das millionenfach verkaufte Buch …»trotzdem Ja zum Leben sagen. Ein Psychologe erlebt das Konzentrationslager«. Hierin betont Frankl die Bedeutung des »Willens der Menschen zum Sinn« für das Überleben und das Leben an sich. Er heiratet Katharina Schwind, begründet die Logotherapie und die Existenzanalyse, deren Behandlungsziele darin bestehen, ein als sinn- und wertvoll empfundenes Leben sowie einen sinnvollen Umgang mit Schuld, Leid und Erfahrungen unabänderlichen Schicksals zu erlangen. Frankl wird Professor für Neurologie und Psychiatrie an der Universität Wien, erhält Gastprofessuren an verschiedenen Universitäten in den USA, gilt bis heute als einer der größten Fachleute auf seinem Gebiet.
Seine 32 Bücher wurden in bis zu 20 Sprachen übersetzt; er erhält weltweit 29 Ehrendoktorate.
Viktor E. Frankl stirbt 1997 in Wien im Alter von 92 Jahren.

Wie nur kann ein Mensch, dem alle seine Liebsten genommen wurden, der das Grauen der Konzentrationslager am eigenen Leib erleben musste, sagen, es gäbe keine Lebenssituation, die wirklich sinnlos wäre? Wie entsteht Sinn? Wer oder was gibt den Ereignissen Sinn? Wann fragen wir nach Sinn?
Frankl begründet seine Aussage, es gäbe keine sinnlose Lebenssituation, so: »Dies ist darauf zurückzuführen, dass die scheinbar negativen Seiten menschlicher Existenz, insbesondere jene tragische Trias, zu der sich Leid, Schuld und Tod zusammenfügen, auch zu etwas Positivem, zu einer Leistung gestaltet werden können, wenn ihnen nur mit der rechten Haltung und Einstellung begegnet wird.«[8]

Wir sind es also, die unserem Leben und auch schwierigen Situationen Sinn verleihen oder in ihnen Sinn erkennen – durch unsere innere Haltung, unsere Einstellungen, unser Tun.
Im guten Fall stiften wir sogar Sinn für andere Menschen.
Das Bedürfnis nach Lebenssinn und die Frage nach ihm »flammt gerade dann auf, wenn es einem am dreckigsten geht. Das können die Sterbenden unter unseren Patienten ebenso bezeugen wie die Überlebenden der Konzentrations – und Kriegsgefangenenlager«,[9] betont Frankl.

Wenn wir nicht sehr religiös sind, begleitet uns nicht ein einziger Sinn unser Leben lang. Der Sinn wandelt sich, je nachdem, was das Leben konkret von uns erwartet und was uns wichtig ist. Drei wichtige Möglichkeiten gibt es, durch die sich Sinn finden lässt oder durch die wir unserem Dasein Sinn verleihen können:

1) **Ich setze mir ein Ziel, ich schaffe ein Werk, gebe mich dem Dienst an einer Sache hin.**
2) **Ich liebe. Das heißt, ich erlebe einen oder mehrere Menschen in ihrer ganzen Einmaligkeit und Einzigartigkeit.**

3) Ich erlebe etwas für mich Wichtiges in seiner Einmaligkeit, die Natur, Musik…

Der so gefundene Sinn richtet unser Denken, unser Fühlen, unser Tun, unser Aushalten oder Verändern einer Situation auf etwas oder auf jemanden aus, auf eine Idee oder eine Person. Was wir tun oder denken ist nicht mehr ziellos, nicht mehr beliebig, nicht »sinnlos«.

Durch Sinnfindung verändern wir die Wahrnehmung unserer Wirklichkeit. Mancher Sinn unseres Lebens wird uns geschenkt, vielleicht durch die Geburt eines Kindes, die Liebe oder ein bedeutendes Ziel. Doch auch in aussichtslosen Situationen, wenn wir im Außen nichts mehr erschaffen können, lässt sich das Leben sinnvoll gestalten, indem wir daran wachsen und vielleicht über uns selbst hinaus wachsen. »Das ist das Geheimnis der bedingungslosen Sinnträchtigkeit des Lebens: dass der Mensch gerade in Grenzsituationen seines Daseins aufgerufen ist, gleichsam Zeugnis abzulegen davon, wessen er und er allein fähig ist.«[10]

Wer das Schicksal nicht mehr beeinflussen kann, gestaltet durch die Art, wie er oder sie das Unabwendbare auf sich nimmt, sich selbst, zeigt vielleicht gerade in der Schwäche eine innere Größe, die man vorher nicht ahnte, und wird so zum Vorbild für andere.
Manchmal jedoch haben wir keine Kraft, nach Sinn zu suchen oder ihn zu erschaffen, sind nur damit beschäftigt, das Schlimme irgendwie zu überstehen. Vielleicht erschließt sich uns der Sinn später, wenn wir Abstand zu dem Geschehen haben. Doch allein, wenn wir es für möglich halten, dass im Geschehen ein Sinn verborgen sein könnte, stärkt das unsere Widerstandskraft.

Wir müssen lernen und die verzweifelten Menschen lehren, dass es eigentlich nie und nimmer darauf ankommt, was wir vom Leben noch zu erwarten haben, vielmehr lediglich darauf: was das Leben von uns erwartet.

-Viktor Frankl-

Essenz

- *Die Frage nach dem Lebenssinn bewegt uns besonders stark, wenn es uns schlecht geht.*
- *Lebenssinn wandelt sich mehrmals im Leben.*
- *Wir können unserem Leben Sinn verleihen, indem wir*
  - uns Ziele setzen,
  - lieben,
  - etwas für uns Wichtiges erleben.
- *Sinn richtet unser Denken, unser Fühlen und unser Tun aus und verändert unsere Wahrnehmung der Wirklichkeit.*
- *Wenn wir das Schicksal nicht mehr beeinflussen können, gestalten wir durch die Weise, wie wir es annehmen, uns selbst und werden vielleicht zum Vorbild für andere.*
- *Schon wenn wir es für möglich halten, dass in dem, was wir erleben, ein Sinn liegen könnte, stärkt das unsere Widerstandskraft.*

Nimm mich,
und führe mich.

-Waris Dirie-

Waris Dirie ist Model, Autorin und Menschenrechtsaktivistin gegen Genitalverstümmelung.

4. Aspekt der Resilienz: Sinn finden und Sinn erschaffen

Vertrauen auf ein Höheres Wesen

KURZBIOGRAFIE:

Waris Dirie, *eines von zwölf Kindern einer somalischen Nomadenfamilie, gelang die abenteuerliche Flucht durch die Wüste im Alter von etwa 14 Jahren vor einer Zwangsverheiratung. Sie lebte kurz in Mogadischu, schlug sich in London mit Gelegenheitsjobs durch und wurde dort mit 18 Jahren als Model entdeckt. Auf dem Höhepunkt ihrer Karriere berichtet sie über das Trauma ihrer eigenen Sexualverstümmelung, die sie im Alter von etwa fünf Jahren ohne Betäubung in Form von Infibulation, der schlimmsten Art der Verstümmelung, erlitten hat. Damit lenkt sie weltweit die Aufmerksamkeit auf diese Mädchen und Frauen verachtenden Taten, die nicht nur in Afrika, sondern auch heute noch heimlich in allen Staaten der westlichen Welt vollzogen werden.*

Waris Dirie war sechs Jahre lang UN-Sonderbotschafterin gegen weibliche Genitalverstümmelung, schrieb mehrere Bestseller und gründete die Desert Flower Foundation, mit der sie weltweit gegen weibliche Sexualverstümmelung kämpft, Aufklärungsarbeit betreibt, betroffene Frauen und Mädchen unterstützt und die Unabhängigkeit dieser Frauen fördert.
Dank ihrer Kampanien haben etliche – auch europäische – Staaten härtere Gesetzte gegen die Genitalverstümmelung verabschiedet und Hilfsstellen für betroffene und gefährdete Mädchen und Frauen eingerichtet.
Waris Dirie hat vier Kinder und lebt heute in Danzig.

»Ich hatte mich nicht gefürchtet, ich war zum Sterben bereit« [11], beschreibt Waris Dirie ihre Situation auf der Flucht durch die Wüste, als ein leises Geräusch die Vierzehnjährige aus erschöpftem Schlaf aufwachen und direkt in die Augen eines Löwen blicken lässt. Als ihr klar wird, dass der Löwe sie nicht reißen will, ist sie sicher, dass Gott, Allah einen Grund hat, sie am Leben zu lassen. »Ich wusste, dass er etwas mit mir vorhatte…«, [12] und sie, die noch nicht weiß, was der Sinn ihres Überlebens sein soll, bittet ihn, sie zu führen.
Waris Dirie bezeichnet Gott, Allah als ihren besten Freund. Das ist wichtig, denn das Vertrauen in ein Höheres Wesen stärkt nur dann unsere seelische Kraft, Schwieriges zu bewältigen, wenn das innere Bild dieser Höheren Macht als positiv erlebt wird. Man weiß aus Untersuchungen, dass die Vorstellung eines strafenden, strengen Gottes in Krisensituationen eher Schuldgefühle, Angstzustände und Depressionen begünstigt, als dass sie die Widerstandskraft stärkt.

Empfindet man die Höhere Macht als wohlgesonnen, ist es für die eigene Resilienz ohne Einfluss, welcher Religion man sich zugehörig fühlt und ob man formell einer spirituellen Gemeinschaft angehört. Alle Religionen gehen über das individuelle Leben hinaus und sehen an dessen Ende das Heilige. Alle Religionen ermuntern zur Hingabe an diese Transzendenz. Alle Religionen stellen Vorbilder für das persönliche Leben zur Verfügung, suchen das Gute, das Schöne, eine Ordnung in der Welt und erkennen gleichzeitig Leiden, Angst und Not als Teil des menschlichen Lebens an. Alle Religionen suchen den Sinn des Lebens und des Leidens und geben den Ereignissen Bedeutung. Sie ermuntern, nach dem Sinn, den sie gefunden haben, zu leben und alle Religionen geben Hoffnung, Trost, Schutz und möglicherweise Erlösung. Sie geben in unüberschaubaren Situationen spirituelle Unterstützung, Halt durch Gebet, Riten, Rituale. Als Gemeinschaft der Gläubigen helfen Religionen auf diese Weise, die eigenen Emotionen zu regulieren.

4. Aspekt der Resilienz: Sinn finden und Sinn erschaffen

Wenn wir Schweres erleben, empfinden wir uns oft als hilflos, orientierungslos, Schutz suchend. Religionen bieten Orientierung, Schutz und Sinn an. Selbst Menschen, die lange keinen Zugang zu Religiosität hatten, beten in schwierigen Situationen.

Der Glaube an ein wohlgesonnenes Höheres Wesen entlastet gerade in unserer modernen Welt, in der Selbstverantwortung ein hoher Wert ist. Früher oder später kommen wir alle an den Punkt, an dem wir erkennen, dass wir nicht allmächtig sind (wie wir es als Kinder wünschten), dass wir Fehler machen, auch wenn wir uns noch so sehr bemühen, dass wir manchmal nicht weiter wissen und vieles im Leben nicht in der Hand haben.

Waris Dirie erkannte den Sinn ihres Überlebens darin, mit Hilfe ihrer Berühmtheit weltweit gegen weibliche Sexualverstümmelung zu kämpfen. »Sexualverstümmelung ist die grausamste Form, Frauen zu unterdrücken und die zynischste Art von Kindsmissbrauch.[13]...Mein Glaube sagt mir,... dass Allah mich aus gutem Grund auf diesen Weg geschickt hat. Er hat mir eine Aufgabe gestellt. Dies ist meine Mission!«,[14]

Was immer geschieht, Schönes oder Schmerzvolles, müssen wir begrüßen und annehmen. Alles ist ein Geschenk Gottes. Es hat einen tieferen Grund, auch wenn ich es nicht verstehe... Egal was ist, ich danke Gott und denke nicht an Schwierigkeiten. Gott findet die Lösung, wenn ich mich nicht einmische.

-Krista Bouillé-

Essenz

- *Religion kann sowohl eine Ressource als auch ein Hemmnis sein für unsere Widerstandskraft.*
- *Der Glaube an ein wohlgesonnenes Höheres Wesen vermittelt Orientierung, Schutz und Möglichkeiten der eigenen Emotionsregulierung durch Riten, Gebet und Meditation.*
- *Ein strenges inneres Gottesbild begünstigt Schuldgefühle, Angstzustände und Depressionen.*
- *Dabei ist es für die Resillienz ohne Einfluss, welcher Religion man sich zugehörig fühlt und ob man formell einer spirituellen Gemeinschaft angehört.*
- *Das Vertrauen in ein wohlgesonnenes Göttliches entlastet und gibt Sinn über das individuelle Schicksal hinaus.*

5. Aspekt der Resilienz:

Inneren Frieden erlangen

*Als ich aus der Tür trat
und auf das große Tor zuging,
das mich in die Freiheit
führen sollte, wußte ich,
dass ich für immer
gefangen bliebe, wenn
ich Bitterkeit und Hass
nicht hier zurückließe.*

-Nelson Mandela-

Nelson Mandela war der erste schwarze Präsident Südafrikas. Er mußte für seinen Kampf gegen Rassentrennung 27 Jahre in Gefängnissen verbringen.

5. Aspekt der Resilienz: Inneren Frieden erlangen

Vergeben

KURZBIOGRAFIE:

Nelson Mandela *kämpfte in seiner Heimat Südafrika als führender Aktivist in dem Jahrzehnte andauernden Widerstand gegen die Apartheid. Er setzte sich vehement für die Gleichberechtigung aller Rassen ein und musste aufgrund dessen 27 Jahre als politischer Gefangener in Gefängnissen verbringen. Trotz seiner bitteren Erfahrungen schaffte er es, Hass und Groll nicht nur in sich selbst zu überwinden, sondern auch später als erster schwarzer Präsident Südafrikas eine Politik der Versöhnung und der Vergebung zu betreiben. Er konnte die Regierung und den größten Teil der Bevölkerung seines Landes überzeugen, dass Vergebung ein besseres Fundament für ein neu gegründetes Land sei als Strafe und Rache. Statt nach dem Aufheben der Apartheid die Schuldigen zu bestrafen, die während der Rassentrennung den Schwarzen viel Leid gebracht hatten, gründete er die »Truth and Reconciliation Commission«, die Wahrheits- und Versöhnungs-Kommission. Diese Kommission ermutigte die Täter, ihre Verbrechen gegen die Menschlichkeit zu gestehen. Bekannten diese sich zu dem, was sie getan hatten, und zeigten sie Betroffenheit und Reue bezüglich ihrer Vergehen, erhielten sie Amnestie. Sie konnten das »Gericht« als freie Personen verlassen. »Vor Gericht werden Schuldige bestraft«, sagte ein Mitglied der Kommission, »in der Wahrheitskommission werden Reuige belohnt.«*
Ohne die Fähigkeit Nelson Mandelas, seinen eigenen Hass und seine Bitterkeit zu überwinden und ohne seinen versöhnlichen Einfluss wäre in dem von Gegensätzen geprägten Südafrika nach dem Aufheben der Apartheid sehr wahrscheinlich ein verheerender Bürgerkrieg ausgebrochen.

Da »wusste ich, dass ich für immer gefangen bliebe, wenn ich Bitterkeit und Hass nicht hier zurückließe«,[15] sagt Nelson Mandela über den Moment seiner Freilassung. Er ist sich dessen bewusst, dass Hass einen Menschen mit der schmerzhaften Vergangenheit verbindet, dass Hass Gedanken und Empfindungen besetzt und dass ein Hassender nicht wirklich frei ist.

Schwache Menschen können nicht vergeben. Vergeben und Frieden in sich zu finden, ist eine Fähigkeit der Menschen mit innerer Stärke.
Doch wenn wir Schweres erleben, fühlen wir uns manchmal alles andere als stark. Wir empfinden zunächst nur unsere Verletzungen, die Verluste, unsere seelische Wunde. Und dennoch sind wir auf dem Weg der Vergebung – wenn wir es wollen –, denn dieser beginnt mit dem Wahrnehmen all unserer Empfindungen wie Schmerz, Traurigkeit, Groll, Hilflosigkeit.

Wenn wir Glück haben, sind wir nicht allein, sondern haben einen verschwiegenen Menschen an unserer Seite, dem wir unsere Empfindungen mitteilen, sie benennen können. (Dabei ist es hilfreicher, wenn wir sagen: »Wut, Zorn ist in mir« als »Ich bin wütend«. Denn die erste Formulierung ermöglicht eine kleine Distanz zu dem Gefühl, wir sind dessen Beobachterin oder Beobachter. Das Gefühl kann sich wandeln. Durch die andere Formulierung würden wir uns mit der Empfindung identifizieren. Die Wut würde ein Teil von uns und sehr viel länger anhalten.)

Es tut gut, die Empfindungen nicht nur zu benennen, sondern sie auch auszudrücken. Das kann durch Erzählen, Weinen, Schimpfen und Ähnliches geschehen. Auch kann man einen Brief schreiben (den man nicht abschickt) oder die Gefühle in gestalterisch-kreative Form fassen. Was auch immer wir äußern, wird eine Anklage, eine Abrechnung sein und gleichzeitig wird es unsere Sehnsucht nach Liebe und Anerkennung spiegeln.

5. Aspekt der Resilienz: Inneren Frieden erlangen

Der nächste Schritt auf dem Weg der Vergebung ist schwer und manchmal erst nach längerer Zeit möglich: Wir wechseln die Perspektive und versetzen uns in den Täter oder die Täterin hinein. Vielleicht wächst langsam in uns Verständnis für diesen Menschen oder aber wir entdecken, dass wir Ähnliches auch schon beinahe taten oder tun wollten. Vielleicht ist es uns sogar möglich, aus der Perspektive des Täters oder der Täterin einen Brief an uns zu verfassen, in dem wir die Schuld benennen, Reue ausdrücken und um Vergebung bitten.

Wenn uns das gelingt, ist es nur ein kleiner Schritt, aus unserer eigenen Perspektive einen Brief der Vergebung zu schreiben. Dann verbrennen wir alle Briefe. Das ist innere Heilung.
Wer nicht schreiben mag (obwohl es hilft), kann auch wiederholt innere Dialoge führen, in denen er oder sie abwechselnd die eigene Rolle und dann die des Täters oder der Täterin einnimmt.

Vergeben bedeutet nicht, dass man dem Menschen (wieder) nahe sein muss. Es bedeutet den unwiderruflichen Verzicht auf das Pflegen von Groll und auf Rache. Vergeben ist ein innerer Prozess. Er braucht manchmal Zeit, bis es reif ist, bis wir dafür reif sind. Wer Glück hat, erlebt Reue und die Bitte um Vergebung des Täters. Das erleichtert das Verzeihen. Sich davon abhängig zu machen, würde jedoch bedeuten, sich weiter in der Opferrolle zu bewegen. Vergeben können nur wir alleine. Es bedeutet, dass wir die Last der Vorwürfe, des Grolls und des Hasses ablegen und die Verantwortung für unseren inneren Frieden selbst übernehmen

Die Schwachen können niemals vergeben. Vergeben können ist eine Eigenschaft der Starken.

-Mahatma Gandhi-

Essenz

- *Wer hasst, bleibt Opfer. Er gibt dem Täter oder der Täterin die Macht über die eigene Seele.*
- *Wer hasst, bleibt verbunden mit der schmerzhaften Vergangenheit und ist nicht frei.*
- *Wer hasst, leidet mehr als der gehasste Mensch.*
- *Vergeben ist eine Fähigkeit der Menschen mit innerer Stärke.*
- *Vergeben bedeutet den unwiderruflichen Verzicht auf Groll und auf Rache.*
- *Reue des Täters erleichtert das Vergeben. Sich davon abhängig zu machen, würde jedoch bedeuten, sich weiter in der Opferrolle zu bewegen.*
- *Durch das Vergeben übernehmen wir die Verantwortung für unseren inneren Frieden.*

*Ich musste lernen,
mit dieser Erinnerung
zu leben.
Auch einen Weg in die
Zukunft zu finden.*

-Reinhold Messner-

Reinhold Messner ist Extrembergsteiger, Abenteuerer und Autor. Beim gemeinsamen Abstieg vom Gipfel des Nanga Parbat verunglückte sein Bruder tödlich.

Sich selbst verzeihen

KURZBIOGRAFIE:

Reinhold Messner *ist einer der bedeutendsten Bergsteiger und Abenteuerer der Welt. Schon als Kind erklimmt er hohe Berge seiner Südtiroler Heimat und entflieht beim Bergsteigen mit Günther, einem seiner sieben Brüder, so oft es möglich ist, der familiären Enge und väterlichen Strenge. Bergsteigen und Bergklettern werden ihre Leidenschaft.*
Als erfahrene Bergsteiger nehmen Reinhold und Günther 1970 an einer Nanga Parbat Expedition teil. Veranlasst durch ein falsches Wettersignal der Basisstation macht sich Reinhold vom höchsten Lager aus, wie vereinbart, alleine an den Aufstieg zum Gipfel. Stunden später sieht er überrascht, dass sein Bruder ihm folgt. Reinhold wartet, und beide erreichen den Gipfel. Doch Günter ist höhenkrank, halluziniert, ist erschöpft vom viel zu schnellen stundenlangen Nachsteigen. Mit einem Höhenkranken ist die geplante direkte Rückroute nicht machbar. Da beide alleine aufgestiegen sind, haben sie kein Seil, um sich gegenseitig zu sichern. Unter großen Mühen steigen sie über die leichtere, längere Diamir-Flanke Richtung Tal ab. Als sie nach vier Tagen und Nächten ohne Schutz, Verpflegung und Wasser, mit letzten Kräften nur noch einen Eisabbruch umgehen müssen – die Schwierigkeiten sind vorbei und jeder geht dort, wo es ihm einfacher erscheint, auch wenn die Entfernung voneinander größer ist – wird Günter von einer Lawine verschüttet und stirbt. Nach langer vergeblicher Suche schleppt sich Reinhold kriechend mit erfrorenen Füßen weiter. Am fünften Tag findet er Holzfäller. Dank der Hilfe von zweien von ihnen wird er gerettet.
Ein Jahr später reist Reinhold erneut zum Nanga Parbat, um wieder und wieder seinen Bruder zu suchen.
Doch das Eis wird Günther erst 35 Jahre später freigeben. Der Wille verfestigt sich bei Reinhold, die gemeinsamen Träume, die sein Bruder und er hatten, realisieren zu wollen. Er erklimmt die höchsten Berge der Erde, durchquert Pole und Wüsten und verwirklicht das »Messner Mountain Museum«. Heute lebt er mit seiner Familie in Südtirol und München.

Es ist ein Paradox, dass wir Menschen uns nicht nur verantwortlich fühlen, wenn wir etwas falsch gemacht oder jemandem geschadet haben, sondern manchmal auch, wenn wir keinen Einfluss auf das Geschehen hatten. Gerade Überlebende eines Unglückes und Personen, von denen ein Elternteil früh starb, berichten häufig, dass sie sich schuldig fühlen. Genau so geht es auch sexuell oder gewaltmäßig Missbrauchten. Diese Formen von Schuld-Erleben sind Formen einer posttraumatischen Belastungsstörung.

Will man die Tür zu der Vergangenheit öffnen, aus der die Schuldgefühle stammen, hilft es, dies in Begleitung eines vertrauenswürdigen Menschen und in geschütztem Rahmen zu tun. Das kann eine weise Vertraute sein oder ein reifer Freund, eine Psychotherapeutin oder ein Psychotherapeut.

Auch Reinhold Messner spricht von seiner Verantwortung, obwohl ihn keine Schuld am Tod seines Bruders trifft. »Ich wollte nur meinen Schmerz teilen, alles erzählen, endlich nicht mehr allein sein mit Verlust, Verzweiflung und Verantwortung«,[16] schreibt er. Die erschütterte Familie steht ihm bei, das Geschehene seelisch zu verarbeiten. Auch seine Entscheidung, die mit dem Bruder entwickelten Träume weiter umzusetzen, hilft ihm. So kann er mit der Verantwortung, den Bruder verloren zu haben, leben, ohne sie zu verdrängen, und Trauerarbeit dort leisten, wo sie ihre größten Abenteuer geteilt hatten.

Wenn schon Menschen, die objektiv keine Schuldgefühle haben müssten, diese doch empfinden, wieviel schwerer lastet dann die Schuld, wenn man weiß, dass man ein Unglück oder einen Schmerz für einen anderen Menschen hätte vermeiden können? **Es ist manchmal schwerer, sich selbst zu verzeihen als anderen.** Doch niemand ist makellos. Wir alle machen Fehler, kämpfen zuweilen mit egoistischen, manipulativen, destruktiven, bösartigen Seiten in uns. Wir bleiben manchen Menschen etwas schuldig – Rücksicht, Liebe, Ehrlichkeit, Aufmerksamkeit oder etwas anderes. Manchmal bedrückt uns diese Schuld lange. Aber ohne Erbarmen mit uns selbst sind wir außerstande, Menschen zu lieben.

Wenn wir den Vorgang des Verzeihens genauer betrachten, sehen wir, dass ihm ein Urteil vorausgeht. Dieses Urteil erst macht das Verzeihen notwendig. Ohne jenes Urteil gäbe es nichts, was zu vergeben wäre.

Welches Urteil, aus dem die Schuldgefühle erwachsen, haben wir über uns selbst gefällt? Sind wir sicher, dass es richtig ist? Könnte man alles auch aus anderen Perspektiven betrachten und zu einer anderen Bewertung kommen?
Auch wenn wir uns selbst verzeihen, hindert uns das nicht daran, zu unserer Verantwortung zu stehen, wenn wir Schaden verursacht haben. Vielleicht können wir etwas gutmachen oder zumindest unsere Reue ausdrücken. Wenn die Schuld sehr belastet, ist es wichtig, sich Hilfe bei einem Psychotherapeuten oder einer Psychotherapeutin zu suchen.
Uns selbst zu verzeihen führt uns letztlich zur Frage der Selbstliebe. Bin ich mir das wert, gütig zu mir selbst zu sein? Mich selbst zu lieben? Trotz und mit allem Geschehenen?

Unser größter Ruhm ist nicht, niemals zu fallen, sondern jedes Mal wieder aufzustehen.

-Nelson Mandela-

Essenz

- *Wir alle machen Fehler, sind manchmal destruktiv, verletzen Menschen.*
- *Manchmal verfolgt uns unsere Veranwortung lange.*
- *Verzeihen wird erst durch ein Urteil notwendig. Welches Urteil haben wir über uns selbst gefällt? Ist es wirklich richtig?*
- *Auch wenn wir uns selbst verzeihen, können wir zu unserer Verantwortung stehen.*
- *Opfer von Gewalt oder Überlebende eines Unglücks empfinden manchmal grundlos Schuld. Diese Schuld-Erleben sind Formen einer posttraumatischen Belastungsstörung, zu deren Lösung man die Begleitung einer vertrauenswürdigen Person braucht.*
- *Uns selbst zu verzeihen, führt uns letztlich zur Frage der Selbstliebe.*

6. Aspekt der Resilienz:

Sorgsam mit menschlichen Beziehungen umgehen

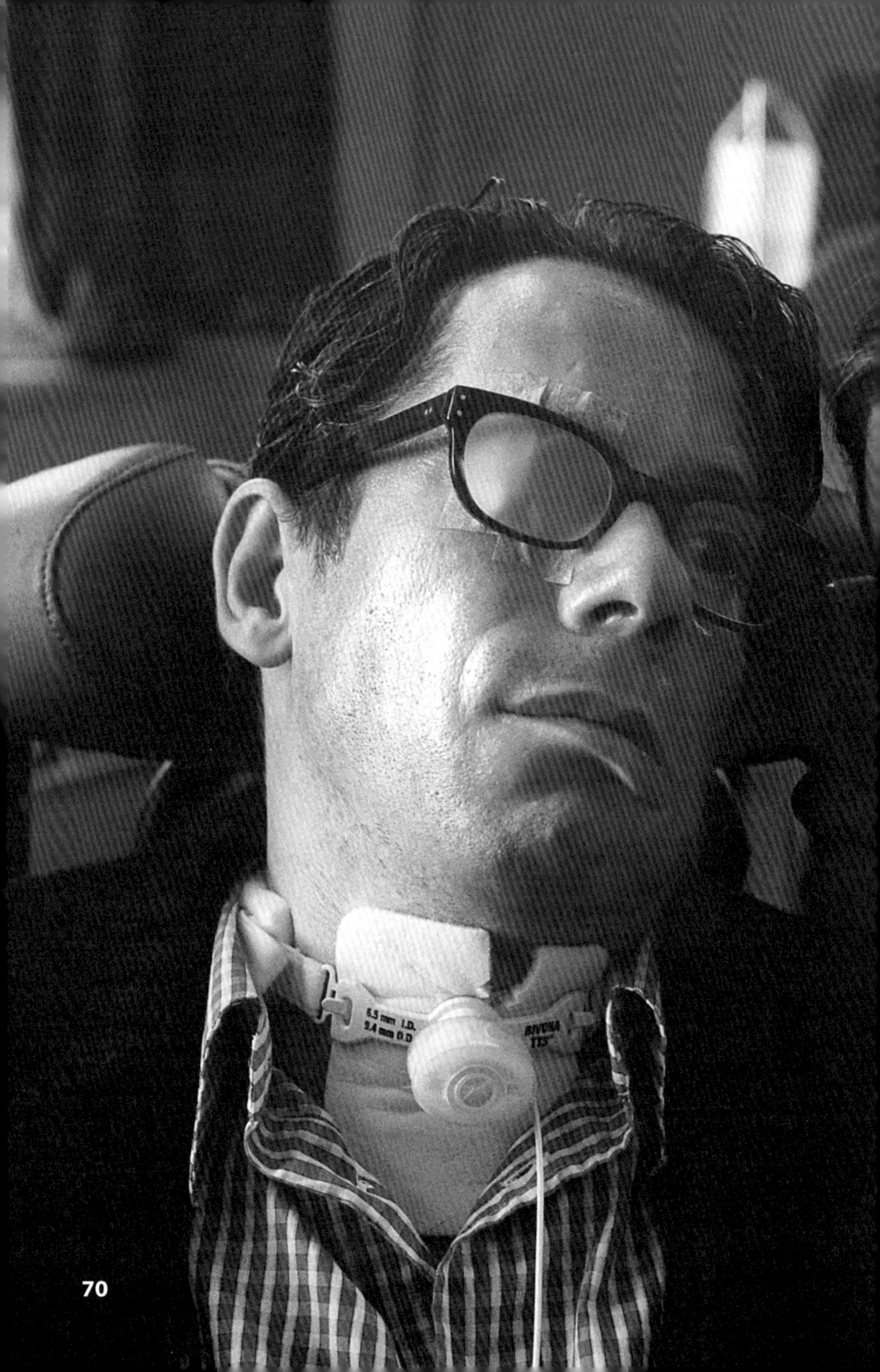

Eines Tages möchte
ich die Briefe
aneinanderkleben, um ein
kilometerlanges Band
daraus zu machen,
das wie eine Fahne zum
Ruhme der Freundschaft
flattert.

-Jean-Dominique Bauby-

Jean-Dominique Bauby,
Journalist, Autor und Chefredakteur,
fiel nach einem Hirnschlag in das
Locked-in-Syndrom.

6. Aspekt der Resilienz: Sorgsam mit menschlichen Beziehungen umgehen

Die Liebe und Freundschaften pflegen

KURZBIOGRAFIE:

Jean-Dominique Bauby *war Journalist, Autor und ELLE-Herausgeber. Als er nach einem Hirnschlag aus dem Koma aufwacht, findet er sich – geistig völlig klar – gefangen in einem Körper, der ihm in keiner Weise gehorcht. Er ist gelähmt, stumm, kann nur noch ein einziges Augenlid bewegen. Ärzte nennen das ein Locked-in-Syndrom.*
Eines Tages hört Jean-Dominique Bauby, wie man von ihm als »Gemüse« spricht, man glaubt, sein Gehirn sei ebenfalls geschädigt. Ihm wird klar, dass nur er die Macht hat, das Gegenteil zu beweisen.
Er beginnt, monatliche Briefe an seine Freunde zu »diktieren« und ein Buch zu »schreiben«. Dazu überlegt er nachts, was er berichten möchte, lernt es auswendig und diktiert es am nächsten Morgen Buchstabe für Buchstabe einer Frau, die ihm das Alphabet vorliest. Nennt sie den richtigen Buchstaben, zuckt er mit dem Augenlid.
Jean-Dominique Bauby bekommt viele Antworten seiner Freunde, die erkennen, dass in der stummen, ungestalten Hülle seines Körpers der wache Geist ihres Freundes steckt, klar wie vor dem Unglück.
Durch Baubys Buch »Schmetterling und Taucherglocke«, das auch verfilmt wurde, erhält die Menschheit das erste Mal Berichte aus dem Leben eines Menschen, der gefangen ist im Locked-in-Sydrom.
Bauby stirbt wenige Tage nach Erscheinen des Buches.

Jean-Dominique Bauby nennt die Menschen, die ihm zugetan sind, »Glieder der Kette aus Liebe, die mich umgibt und schützt.« [17]

Wir haben bereits gesehen, wie sehr wir die Hilfe von Menschen gerade in Krisensituationen brauchen, allein schon, um die veränderte Wirklichkeit wahrzunehmen, unsere Einstellung dazu möglichst positiv zu formen oder um tatkräftige Unterstützung zu erhalten. Der wirksamste seelische Beistand ist die Zuneigung liebender Menschen, mögen es Eltern, Partnerinnen, Partner, Töchter, Söhne, Freudinnen oder Freunde sein.

Wir sind in schwierigen Zeiten in unserer Identität, unserem Mut und unserem Selbstwertgefühl verunsichert. Das Bild, das wir gerade noch von uns hatten, ist erschüttert. Ein neues Bild wird uns von der Umgebung angeboten, mit dem wir uns jedoch nicht identifizieren können. Eben wähnten wir uns noch erfolgreich im Beruf oder eingebettet in eine Beziehung, plötzlich sollen wir zu den Arbeitslosen gehören? Oder Single sein? Gerade haben wir uns noch über unsere sportlichen Leistungen gefreut, auf einmal brauchen wir Gehhilfen? Was auch immer passiert ist, wir sind verunsichert, haben Angst, abgelehnt zu werden, und sind dankbar für die Bestätigung, dass wir nach wie vor liebenswert sind, akzeptiert, geschätzt und gemocht werden.

Die innere Verunsicherung nach einem Schicksalsschlag besteht nicht nur auf der Seite der Betroffenen. Auch viele der Menschen, die mit ihnen zu tun haben, sind verunsichert, wie sie nun unter veränderten Umständen mit ihnen umgehen sollen. Die üblichen, vertrauten Verhaltensnormen gelten vielleicht nicht mehr uneingeschränkt oder können nicht mehr erfüllt werden. Was nun? Wie soll man sich verhalten? Oft ist es der betroffene Mensch selbst, der durch eine Geste die Situation für die anderen entspannt.

6. Aspekt der Resilienz: Sorgsam mit menschlichen Beziehungen umgehen

Jean-Dominique Bauby, stumm und gelähmt im Gefängnis seines Körpers liegend, deutet noch auf etwas anderes hin: »Wie die Luft zum Atmen brauche ich es, Gefühle zu haben, zu lieben und zu bewundern.« [18] Selbst zu lieben, ist lebenswichtig für ihn, und genauso lebenswichtig ist es für uns.

Schicksalsschläge und Krisen werfen uns sehr auf uns selbst zurück, blocken im Schock vielleicht alle unsere Empfindungen und bergen die Gefahr in sich, dass wir uns lange nur noch um uns selbst drehen. Das mag kurzzeitig notwendig sein. Doch es tut uns gut, nicht nur um uns selbst und unser Schicksal zu kreisen, sondern unsere Aufmerksamkeit auch wieder den Menschen in unserer Umgebung zu schenken, offen zu sein für deren Leben und deren Bedürfnisse. Wir können etwas geben, auch wenn wir gehandicapt sind: ein offenes Ohr, Zuneigung, Verständnis, je nach eigener Einschränkung auch Hilfe. Und es behütet uns vor der Falle, in Selbstmitleid zu ertrinken.

Freundschaften und Liebesbeziehungen fallen nicht vom Himmel, wenn man sie braucht. Lange vorher, in guten Zeiten gilt es, gute Beziehungen zu pflegen, sich Zeit zu nehmen für Partnerin und Partner, für Freundinnen und Freunde, echtes Interesse an ihnen und dem, was sie bewegt, zu haben. Natürlich werden sich immer dringliche alltägliche Sachen vor dieses Vorhaben schieben wollen. Es liegt an uns, ob wir der Pflege von guten Beziehungen eine hohe Priorität einräumen.

Die Menschen, denen wir eine Stütze sind, geben uns den Halt im Leben.

-Marie von Ebner-Eschenbach-

Essenz

- *Alle Menschen sind in Krisen in ihrer Identität, ihrem Mut und ihrem Selbstwertgefühl verunsichert.*
- *Deshalb ist jeder betroffene Mensch dankbar für die Bestätigung, dass er oder sie nach wie vor geschätzt wird.*
- *Die wirksamste seelische Unterstützung ist die Zuneigung liebevoller Menschen.*
- *Deshalb gilt es, unsere Liebesbeziehungen und Freundschaften immer zu pflegen.*
- *Wichtiger als geliebt zu werden ist selbst zu lieben. (Memo: »lieben« ist ein Tätigkeitswort. Es ist nicht nur eine Empfindung, sondern drückt sich im Tun aus.)*

7. Aspekt der Resilienz:

Innere Empfindungen wahrnehmen

Ich konnte nichts empfinden. Ich war wie tiefgefroren, wie eine Forelle, die man aus der Kühltruhe nimmt und auf den Tisch knallt.

-Krista Bouillé-

Krista Bouillé ist Therapeutin. Im gemeinsamen Urlaub verunglückte die einzige Tochter tödlich. Nach deren Bergung starb auch Kristas Mann.

7. Aspekt der Resilienz: Innere Empfindungen wahrnehmen

Bewusstseins-Abspaltung

KURZBIOGRAFIE:

Krista Bouillé, *ihr Mann Meriadeg und ihre Tochter Olivia sind glücklich, als sie Ende 2009 Urlaub in Haiti machen.*
Die Reise ist eine Belohnung für Olivia, die ihre Ausbildung an der Modeakademie als Drittbeste bestanden hat.
Als die Zeit der Abreise aus Haiti zu einer den Urlaub abschließenden Woche in der Dominikanischen Republik gekommen ist, möchte Olivia noch länger in Haiti bleiben und vereinbart mit ihren Eltern, einige Tage später zum gemeinsamen Rückflug nachzukommen.
Sie hatte sich ein bisschen verliebt.
Am 12. Januar 2010 wird Meriadeg an einem Strand der Dominikanischen Republik beim Schwimmen von einem Tsunami ins Meer gezogen und wie durch ein Wunder völlig entkräftet wieder an Land gespült.
Wenige Stunden später erfährt das Elternpaar, dass Olivia bei dem gleichzeitig stattgefundenen schweren Erdbeben in Haiti verschüttet und noch nicht gefunden worden sei. Meriadeg gelingt es, trotz unterbrochener Verkehrsverbindungen Haiti und das Hotel zu erreichen. Er erkennt die Blumen auf Olivias Terrasse, beginnt mit bloßen Händen im Schutt zu graben, ruft sie, gräbt, ruft sie grabend.
Am sechsten Tag nach dem Erdbeben findet er mit Hilfe eines Suchtrupps Olivia. Sie ist tot.
Meriadeg, verstaubt, übernächtigt, bringt die tote Tochter zu seiner Frau Krista in die Dominikanische Republik, erleidet am darauf folgenden Tag einen Schwächeanfall und stirbt nach einem kurzen Krankenhausaufenthalt in Kristas Armen im Hotel.
Krista kehrt mit zwei Urnen aus dem Urlaub zurück.

Krista beschreibt mit ihrer Aussage »Ich konnte nichts empfinden. Ich war wie tiefgefroren, wie eine Forelle, die man aus der Kühltruhe nimmt und auf den Tisch knallt«[19] das Abspalten ihrer Empfindungen von ihrem Bewusstsein, eine Dissoziation.

Dissoziation kann in extrem schwierigen Situationen mit uns »passieren«. Soweit bisher bekannt, können wir sie nicht willentlich herstellen. Sie ist ein Notprogramm unserer Seele, das uns davor schützt, von Empfindungen überflutet zu werden, die wir in dem betreffenden Zustand nicht aushalten könnten. Sie ermöglicht das Überleben in uns ausweglos erscheinenden Situationen. Vielleicht erinnern wir uns nicht mehr an erschütternde oder demütigende Ereignisse oder aber wir wissen sie genau, haben jedoch keine Verbindung zu den entsprechenden Empfindungen.

Die Aufgabe unserer Gefühle ist die Heilung des Traumas, mit dem sie verbunden sind. Ein Trauma ist dann überwunden, wenn die Empfindungen, die es nach sich zieht, zu Ende gefühlt, verebbt sind. Dazu müssen wir ihnen Raum geben.

Bei der Dissoziation haben wir (noch) keinen Zugang zu unseren Gefühlen oder haben die Erinnerung an die schmerzliche Situation verloren. Deshalb kann ein Trauma während einer Dissoziation nicht heilen.

Bleibt eine Dissoziation länger als einen Monat bestehen, ist es dringend angeraten, sich einer Psychotherapeutin oder einem Psychotherapeuten anzuvertrauen, in deren Schutz es möglich wird, die zu dem traumatischen Erlebnis gehörenden Empfindungen zuzulassen und das Trauma zu verarbeiten.

Das schützt uns davor, dass aus der seelischen Abspaltung körperliche Beschwerden wie Herzrasen, Zittern, Übelkeit oder eine posttraumatische Belastungsstörung werden mit Schlafstörungen, erhöhten Schreckreaktionen, Reizbarkeit, Alpträumen oder Flashbacks, in denen man handelt oder fühlt, als würde sich das schlimme Erlebnis erneut ereignen.

In den meisten Fällen jedoch löst sich die Taub- beziehungsweise Blindheit gegenüber den Empfindungen oder Erinnerungslücken in kleinen Schritten wieder auf. Das Unbewusste lässt Gefühle und Erinnerungen in Portionen ins Bewusstsein steigen, die wir bewältigen können, indem wir darüber sprechen, schreiben oder sie künstlerisch ausdrücken.
Krista Bouillé hat schon während der Suche nach ihrer vom Erdbeben verschütteten Tochter telefonisch Hilfe bei einer Psychotherapeutin gesucht und sich sofort nach ihrer Rückkehr aus der Dominikanischen Republik mit deren Unterstützung dem Verarbeiten des tragischen Verlustes ihrer ganzen Familie gestellt. Krista geht es heute gut, sie lebt in einer neuen Beziehung.

Wenn ich die Wahl habe zwischen dem Nichts und dem Schmerz, dann wähle ich den Schmerz.

-William Faulkner-

Essenz

- *In einer extrem schwierigen Situation kann ein Mensch ein Abspalten seiner Gefühle oder der Erinnerungen von seinem Bewusstsein erleben. Diese Abspaltung nennt man Dissoziation.*
- *Dissoziation schützt den betroffenen Menschen davor, von nicht aushaltbaren Gefühlen überschwemmt zu werden.*
- *Die Abspaltung löst sich in den meisten Fällen langsam auf. Hält eine Dissoziation länger als einen Monat an, ist es wichtig, Hilfe bei einer Psychotherapeutin oder einem Psychotherapeuten zu suchen.*
- *Die Empfindungen heilen das Trauma.*
- *Ein Trauma ist dann überwunden, wenn die durch es verursachten Empfindungen abgeflaut sind.*

I sought councelling after 20 years of not thinking about the death of my mother, Diana, and two years of total chaos in my life.

-Prinz Harry-

Prinz Harry von Wales verlor seine Mutter Prinzessin Diana als er zwölf Jahre alt war.

Trauern

KURZBIOGRAFIE:

Prinz Harry von Wales *verlor seine Mutter, Prinzessin Diana, durch einen tragischen Unfall, als er zwölf Jahre alt war. »Ich steckte meinen Kopf in den Sand für viele, viele Jahre«,*[20] *gesteht er im Interview.*
Er habe es abgelehnt, an seine Mutter zu denken, habe sich gesagt, dass es ihn nur traurig mache und sie doch nicht mehr zurück bringe. Zwei Jahrzehnte habe er keine Gefühle zugelassen – mit großen Folgen für sein persönliches Leben und seine Umwelt – bis er im totalen Chaos angekommen sei, ohne zu wissen, was mit ihm los sei.
Erst mit 28 Jahren habe er professionelle Hilfe in Anspruch genommen. Nach einigen Gesprächen sei die Wucht des Schmerzes über den Verlust der Mutter und der Druck, als Kind mit der tiefen Trauer in der Öffentlichkeit zu stehen, hochgekommen. Jetzt nach zweieinhalb Jahren der Arbeit an sich gehe es ihm gut.
Prinz Harry hat sich entschlossen, offen über seine Vergangenheit zu sprechen, um psychische Probleme zu entstigmatisieren. Zusammen mit seinem Bruder Prinz William und dessen Frau Kate hat er die Initiative »Heads Together« gegründet, die sich dafür einsetzt, Stigmata rund um psychische Probleme zu beseitigen. »Heads Together« soll sagen: Steckt eure Köpfe zusammen und sprecht über das, was euch bedrückt. Schweigen macht alles schlimmer. »Ich weiß jetzt, dass Reden über die eigenen Probleme einen großen Wert hat – nicht nur für einen selbst, sondern auch für alle anderen um dich herum.«

Wer kennt das nicht, diesen Impuls, nicht an das Schmerzhafte denken zu wollen? An den Tod eines geliebten Menschen, die Kündigung im Beruf, den Verlust der Heimat, der Freiheit, der seelischen oder körperlichen Unversehrtheit, der Schönheit, der Kraft, an das Verlassenwerden in der Liebe…? Manchmal ist es wie eine Erholungspause, sich durch Konzentration auf anderes abzulenken von der Wucht schmerzlicher Empfindungen. Doch wenn wir dauerhaft bei dem Vermeiden dieser Gefühle bleiben, führt es – Prinz Harry drückt es sehr klar aus – ins totale Chaos. Meist äußert es sich in zwischenmenschlichen Schwierigkeiten, denn die verdrängten Empfindungen schieben sich wie eine Wand zwischen uns und unsere Mitmenschen. Oder wir bekommen psychische oder physische Erkrankungen, greifen im schlimmsten Fall zu Suchtmitteln, um die sich ans Bewusstsein kämpfenden Empfindungen zu unterdrücken.

Trauern besteht – anders als manche kulturelle Konvention unterstellen will – nicht nur aus Traurigkeit. Trauer enthält auch Fassungslosigkeit, Wut, Vorwürfe, schlechtes Gewissen, Fragen, Mutlosigkeit, Gefühle der Einsamkeit, Zorn. Trauern ist kein passiver Vorgang, es ist seelische Arbeit: Trauerarbeit.

Verena Kast [21] unterscheidet vier Phasen des Trauerprozesses:
Die Phase des Nicht Wahrhaben-Wollens: Hier schieben wir den Verlust von uns oder fühlen uns empfindungslos.
Die Phase aufbrechender Emotionen: Wir erleben durcheinander Wut, Angst, Trauer, Unruhe, Zorn, Hilflosigkeit, Reizbarkeit, vielleicht sogar Freude. Möglicherweise suchen wir einen Schuldigen für das Unglück.
Die Phase des Suchens, des Findens und des sich Trennens: Wir suchen das Verlorene bewusst oder unbewusst an Orten, auf

Bildern, in Erzählungen, in Träumen und Fantasien. Wir holen es uns viele Male symbolisch zurück und geben es erneut her. Ungelöste Probleme werden aufgearbeitet. Im guten Fall wird das Verlorene zu einem inneren Teil von uns – wenn es ein Mensch war, zu einem inneren Begleiter, mit dem wir durch innerliche Dialoge eine Beziehung entwickeln können.
Die Phase des neuen Weltbezuges: Hier haben wir den Verlust akzeptiert, das Vergangene wurde zu einem integrierten Teil von uns. Nun öffnen wir uns neuen Lebensmöglichkeiten, und der Gedanke an das Verlorene lässt uns nicht mehr verzweifeln.

Trauerphasen können sich überlappen, kurzzeitige Rückschritte sind möglich. Dazwischen kann es unbeschwerte Momente geben. Wichtig ist, in keiner der ersten drei Phasen stecken zu bleiben.

Was können wir tun, um den Trauerprozess zu fördern? Wenn wir selbst die Trauernden sind, ist es wichtig, dass wir uns immer wieder in kleinen »Portionen« dem schmerzhaften Erlebnis und den damit zusammenhängenden Empfindungen stellen. Klagen, erzählen, schreiben, uns künstlerisch ausdrücken – alles hilft, was den Schmerz nach außen bringt. Auch zunächst inakzeptabel erscheinende Gefühle haben ihre Berechtigung, solange sie nicht in eine Tat münden. Innere Dialoge helfen, Fragen und noch bestehende Probleme zu klären. Sind wir nicht selbst betroffen, hilft dem trauenden Menschen neben möglicher tatkräftiger Unterstützung unser Da-Sein, das aufmerksame, wertfreie, geduldige Zuhören und das warmherzige Annehmen der Gefühlsschwankungen. Trauern kann Jahre dauern. Doch es lohnt sich. Es öffnet uns für ein Leben, in dem beides Platz hat: das Vergangene und das Neue, neue Lebensfreude, neue Reife und neues, bewusst erlebtes Glück.

Verdrängen oder Leugnen ist eine Bombe mit Zeitzünder, die in unserer Seele abgelegt ist.

-Boris Cyrulnik-

Essenz

- *Wenn wir uns dauerhaft von schmerzlichen Gefühlen ablenken, führt es uns ins innerliche und zwischenmenschliche Chaos.*
- *Trauern besteht nicht nur aus traurig sein. Auch Wut, Vorwürfe, Angst, schlechtes Gewissen, Fragen, Mutlosigkeit und Gefühle der Einsamkeit gehören dazu.*
- *Wir fördern den Trauerprozess, indem wir uns immer wieder dem schmerzhaften Erlebnis und den damit zusammenhängenden Empfindungen stellen.*
- *Klagen, erzählen, schreiben, uns künstlerisch ausdrücken und innere Dialoge helfen dabei.*
- *Trauern öffnet uns für das neue Leben.*

8. Aspekt der Resilienz:

Erkenntnisse über sich selbst suchen

Ich wollte nicht bloß Tabletten nehmen, sondern mich intensiv mit meinem Leben und mit dem eigenen Typ auseinandersetzen.

-Sven Hannawald-

Sven Hannawald gehörte zur Weltspitze des Skisprung-Sports als er einen Burnout erlitt.

8. Aspekt der Resilienz: Erkenntnisse über sich selbst suchen

Das Selbst erforschen

KURZBIOGRAFIE:

Sven Hannawald *gehörte bereits über Jahre zur Weltspitze des Skisprung-Sportes, hatte bedeutende Titel und Auszeichnungen gewonnen, als er im Winter 2001/2002 seinen größten sportlichen Erfolg feierte:*
Er gewann als erste Sportler die Vier-Schanzen-Tournee mit Siegen in allen vier Wettbewerben. Darüber hinaus verteidigte er erfolgreich seinen Titel als Skiflug-Weltmeister, holte mit seinem Team bei den Olympischen Winterspielen eine Goldmedaille, gewann 2002/2003 sechs Worldcup Springen und belegte den zweiten Platz der Worldcup Gesamtwertung. 2004 wurde bekannt, dass Sven Hannawald an dem Burnout-Syndrom leide und er sich zur Behandlung in eine Spezialklinik begeben habe. Eineinhalb Jahre später teilte er mit, dass er sich nach erfolgreicher Behandlung des Syndroms nicht mehr den Strapazen des Profisportes aussetzen wolle.
Heute ist Sven Hannawald nach einer Amateur-Motorsportkarriere TV-Experte und Unternehmensberater. Sein Schwerpunkt ist die berufliche Gesundheit und dabei besonders der Umgang mit Leistungsdruck und fehlender innerer Balance.

Manche Menschen nehmen in schweren Zeiten vermehrt Schlaftabletten, Aufputsch – oder Beruhigungsmittel, trinken viel Alkohol oder konsumieren andere Drogen. Eine nachhaltige Linderung des Kummers und eine Lösung der Probleme stellen sich jedoch auf diesen Wegen nicht ein. Das sind gefährliche Sackgassen, die nur zu leicht zu einer Abhängigkeit führen.
Sven Hannawald wollte Tabletten nicht als Ersatz für Heilung nehmen. Stattdessen setzte er sich intensiv mit seinem Leben und der eigenen Persönlichkeit auseinander.[22] Dass dies ein wichtiger Aspekt persönlicher Resilienz ist, können wir von ihm lernen.

Selbsterforschung, die bewusste Erfahrung eigener Gedanken, Empfindungen und Handlungsmotivationen, macht uns unsere Bedürfnisse, unsere Einstellungen, Glaubenssätze, unsere Wahrnehmung und oft veraltete Verhaltensmuster bewusst. Das hilft, manches zu verändern und unser Erlebens - und Verhaltensspektrum zu erweitern. Schon in guten Zeiten ist die Suche nach Selbsterkenntnis wichtig. Doch manchmal sind gerade schlimme Erfahrungen der Impuls, es verstärkt zu tun.

Wie erkennen wir unser Selbst?

Unser Ich ist uns vertraut, das Selbst mit dem persönlichen und dem kollektiven Unbewussten zunächst ein unbekanntes Land. In der Stille und im ehrlichen Gespräch mit weisen Menschen reifen Selbsterkenntnisse. Auch die Umgebung hilft uns, denn nichts stört, ärgert oder ängstigt uns so sehr, wie jene Seiten anderer Menschen, die wir bei uns noch nicht kennen oder nicht wahrhaben wollen.[23] Platon beschreibt dies in seinem Höhlengleichnis, und C.G. Jung spricht von unserem »Schatten«, der uns überholt und im Außen entgegentritt. Die Umwelt ist ein Spiegel unserer eigenen Problematik.

8. Aspekt der Resilienz: Erkenntnisse über sich selbst suchen

Träume sind ein wichtiger Zugang zu unserem Unbewussten, und sogar Krankheitssymptome, wie beispielsweise Kopf-, Herz-, Bauch- oder Rückenschmerzen können eine Sprache unseres Verdrängten sein. Gehen wir in jenem Fall der seelischen Ursache auf den Grund, lösen sie sich auf.

Wir werden bei der Selbsterforschung auf unser inneres Kind stoßen, Persönlichkeitsanteile, die noch jung sind, vielleicht Schlimmes erlebt haben. Jetzt sind wir zuständig, dass es gesunden, reifen und wachsen kann. Wir sind es, die für die Erfüllung unserer Wünsche oder Bedürfnisse als Erwachsene sorgen müssen, niemand anderer.
Wie sehr wir durch unsere Gedanken unsere Gefühle beeinflussen, werden wir im nächsten Beitrag sehen.

Vielleicht überrascht es uns, dass wir alle Seiten des Menschseins in uns entdecken, zerstörerische und konstruktive, negative und positive. Alles ist in uns allen. Diese Erkenntnis lässt in uns Verständnis wachsen – nicht nur für uns selbst, sondern für alle Menschen. Wie wir mit den erkannten Kräften umgehen, das macht den Unterschied – lässt vielleicht aus uns eine Heldin oder einen Held werden.

Willst du dich selbst erkennen,
so sieh, wie die anderen es treiben.
Willst du die anderen verstehen,
blick in dein eigenes Herz.

-Friedrich von Schiller-

Essenz

- *In der Selbsterforschung werden uns durch das bewusste Betrachten unserer Gedanken, unserer Empfindungen und unserer Motivationen unsere Bedürfnisse, Glaubenssätze, Wahrnehmungs-und Verhaltensmuster bewusst.*
- *Wir können manches verändern und dadurch unser Erlebens- und Verhaltensspektrum erweitern.*
- *Hilfreiche Regeln zur Selbsterkenntnis sind:*
  1) *Die Umwelt ist ein Spiegel meiner eigenen Problematik.*
  2) *Träume sind ein wichtiger Zugang zu meinem Unbewussten.*
  3) *Ich bin für meine Gefühle verantwortlich.*
  4) *Wenn ich Wünsche oder Bedürfnisse habe, muss ich als Erwachsener selbst für deren Erfüllung sorgen.*
  5) *Leugne ich meinen Anteil an einem Konflikt, leugne ich damit meine Kraft, Veränderung zu bewirken.*
  6) *Krankheitssymptome können eine Sprache meines Unbewussten sein.*
  7) *Die Erkenntnis, dass alle Seiten des Menschseins auch in mir sind, lässt in mir Verständnis für andere wachsen.*
  8) *Der einzige Mensch, den ich ändern kann, bin ich selbst.*

Meinen Hass bekommt ihr nicht!

-Antoine Leiris-

Antoine Leiris, Journalist, verlor seine Frau und Mutter seines kleinen Sohnes bei einem Terrorangriff.

8. Aspekt der Resilienz: Erkenntnisse über sich selbst suchen

Seelenhygiene pflegen

KURZBIOGRAFIE:

Antoine Leiris *verlor seine Frau Hélène bei einem Terroranschlag im Bataclan Theater von Paris am Abend des 13. November 2015. Während die Welt noch geschockt war über die sinnlose Brutalität des Anschlags, postete Antoine Leiris in Facebook einen bewegenden offenen Brief an die Attentäter: »Freitagabend habt ihr das Leben einer außergewöhnlichen Person geraubt, sie war die Liebe meines Lebens und Mutter meines Sohnes, aber ihr werdet meinen Hass trotzdem nicht bekommen. Ich weiß nicht, wer ihr seid und will es auch nicht wissen… Ich werde euch nicht den Gefallen tun, euch zu hassen.*
Auch wenn ihr es wirklich versucht habt – euren Hass mit Wut zu beantworten, würde bedeuten, sich der gleichen Ignoranz wie der euren hinzugeben. …
Natürlich macht mich die Trauer fertig, diesen kleinen Sieg lasse ich euch, aber er wird von kurzer Dauer sein. Ich weiß, dass sie uns jeden Tag begleiten wird und dass wir uns im Paradies der freien Seelen wiedersehen werden, zu dem ihr niemals Zutritt erlangen werdet.«

Wir, und niemand sonst, sind verantwortlich für den Umgang mit unseren Gefühlen, das weiß Antoine Leiris.

Diese Verantwortung und dieses Recht lässt er sich nicht nehmen. Er verweigert sich der Wut, dem Hass, der Rache, obwohl ihm gerade sein Liebstes grausam genommen wurde. Wer hasst, gibt dem Täter Macht über die eigene Seele. Wer hasst, leidet mehr als der gehasste Mensch. Die amerikanische Schauspielerin Carrie Fisher drückte es treffend aus: »Jemand zu hassen ist so, als trinke man Gift und warte, dass der andere stirbt.« [24]

In jungen Jahren klagen wir oft andere an, dass sie uns wütend oder traurig machten, uns ärgern würden oder verletzten. Oder wir schwärmen, jemand mache uns glücklich (was für eine unerfüllbare Aufgabe!). Die Wahrheit ist, dass wir die meisten unserer Empfindungen selbst erzeugen durch unsere Gedanken, unsere Erwartungen, unsere Interpretationen von Geschehen. Wenn wir beispielsweise in der Notaufnahme eines Krankenhauses warten und zum dritten Mal ein weiß gekleideter Mann an uns vorbei geht, ohne uns nur eines Blickes zu würdigen, werden wir möglicherweise Ärger auf ihn aufsteigen spüren. Wenn dieser Mann jedoch beim nächsten Durchkommen einen Eimer und eine Leiter trägt und wir erkennen, dass er weder Arzt noch Pfleger, sondern Maler ist, löst sich unsere Wut auf ihn augenblicklich auf. Unsere Erwartung und die damit zusammenhängenden Gedanken hatten unsere Empfindung erzeugt.

Manchmal haben wir den Eindruck, Gedanken würden uns anfliegen. Auch dann sind wir verantwortlich, haben die Wahl, ob wir diese Idee aufnehmen und vielleicht sogar pflegen oder ob wir sie weiterziehen lassen. In beiden Fällen beeinflussen wir unsere Emotionen und die dazu gehörenden körperlichen Vorgänge.

8. Aspekt der Resilienz: Erkenntnisse über sich selbst suchen

Den Attentätern will Antoine Leiris seine Gedanken nicht schenken. »Ich weiß nicht, wer ihr seid und will es auch nicht wissen.« An seinen kleinen Sohn, seine Frau will er denken und daran, wie er die neu entstandene Situation meistern kann.

Wir haben die Wahl, ob wir unseren Gedanken freien Lauf lassen, uns von ihnen wie ein Stier an einem Nasenring durch das Leben und die dadurch erzeugten Emotionen und anschließenden Handlungen leiten lassen – oder ob wir lernen, unsere Gedanken zu lenken, auf das Gute, das Konstruktive, das Liebevolle, das Schöne.
Vielleicht wird für Antoine Leiris in vielen Jahren die Zeit kommen, in der sein Schmerz verebbt ist und er sich fragt, was nur in dem Menschen vorgegangen ist, der seine Frau und Mutter seines kleinen Sohnes in einem Konzert ermordet hat. Möglicherweise kann er ihm vergeben. Es kann jedoch auch sein, dass das Verzeihen wirklich nicht notwendig wird, wenn es Antoine Leiris gelingt, das schmerzhafte Geschehen als vom Schicksal geschickt anzunehmen, und er keinen Groll, keinen Hass aufgebaut hat.

Ihr versteht so viel von der Reinlichkeit der Kleidung, des Hauses und des Autos. Aber was wisst ihr über die Hygiene der Seele?

-Urban Lolobali-

Essenz

- *Wir erzeugen die meisten unserer Empfindungen selbst durch unsere Gedanken, unsere Erwartungen, unsere Interpretation von Geschehen.*
- *Unsere Gedanken beeinflussen unsere Emotionen und die dazu gehörenden körperlichen Vorgänge.*
- *Auch wenn uns Gedanken »anzufliegen« scheinen, sind wir verantwortlich dafür, ob wir sie aufnehmen oder ob wir sie weiterziehen lassen.*
- *Wir können lernen, unsere Gedanken zu lenken.*

9. Aspekt der Resilienz:

Neues ansteuern

Jeder kann etwas erreichen, wenn er es intensiv genug versucht.

-Stephen Hawking-

Stephen Hawking wurde einer der bedeutendsten Astrophysiker, obwohl er vielfach behindert war und ihm nur eine kurze Lebenserwartung vorhergesagt wurde.

9. Aspekt der Resilienz: Neues ansteuern

Ziele anstreben

KURZBIOGRAFIE:

Stephen Hawking *war Student, als Ärzte bei ihm 1963 eine degenerative Erkrankung des motorischen Nervensystems diagnostizierten und ihm eine Lebenserwartung von nur noch wenigen Jahren vorhersagten.*
Trotz dieser Diagnose begann Stephen Hawking seine Doktorarbeit im Bereich der Astronomie und Kosmologie und heiratete Jane Wild, mit der er im Laufe der Jahre drei Kinder bekam. Bald war er auf einen Rollstuhl angewiesen und musste zunehmend Pflege in Anspruch nehmen. Dessen ungeachtet arbeitete er am Institut für Theoretische Astronomie und am Institut für Angewandte Mathematik und Theoretische Physik in Cambridge. 1974 nahm die Royal Society of Science den Zweiunddreißigjährigen als eines ihrer jüngsten Mitglieder auf, fünf Jahre später berief ihn die Universität Cambridge auf den Lucasischen Lehrstuhl für Mathematik, den er bis 2009 innehatte.
1985 verlor Stephen Hawking seine Sprechfähigkeit. Er benützte einen Sprachcomputer, der Hawkings Augenbewegungen in Sprache übersetzen konnte.
Heute gilt Stephen Hawking neben Isaac Newton und Albert Einstein als einer der bedeutendsten Physiker.
Er vermittelte darüber hinaus die Erkenntnisse der Kosmologie auch allgemein verständlich einer breiten Öffentlichkeit.

Stephen Hawkings emotionale und geistige Fähigkeiten waren von der schweren Erkrankung seines Nervensystems nicht betroffen. Deshalb suchte er seine neuen Ziele in den Bereichen, die ihm noch offen standen: im Liebe-Suchen wie im Liebe-Schenken und im Denken.

Wir Menschen haben ein Bedürfnis nach Ordnung. Der Alltag mit seiner Routine gibt uns ein Gefühl der Sicherheit. Ein Schicksalsschlag reißt uns jedoch heraus aus dem, was wir fast für eine Selbstverständlichkeit hielten. Strukturen brechen auf, wir sind verunsichert, wie es weitergehen soll.

Neue Ziele geben uns neue Strukturen, vielleicht sogar, wie wir beim vierten Aspekt der Resilienz erkennen konnten, einen neuen Lebenssinn. Wir nehmen uns durch sie – bildlich gesprochen – selbst an der Hand und führen uns aus dem Chaos. Stephen Hawking zeigt uns, wie wichtig es ist, unsere neuen Ziele innerhalb des Möglichen und innerhalb unserer Fähigkeiten zu stecken. Möglicherweise sind unsere ersten Ziele ganz kleine, profane Vorhaben: am Morgen aufzustehen, sich zu pflegen, gut zu ernähren, sich zu bewegen. Doch vielleicht ist selbst das gesundheitlich gar nicht möglich und unser erstes Ziel liegt darin, Ordnung in unsere Gedanken und Empfindungen zu bringen oder in einem klärenden Gespräch zu finden.

Ziele sollen herausfordernd sein und überprüfbar, dann stärkt ihr Erreichen unser Selbstwertgefühl und ist Motivation, das nächste Ziel anzustreben. Ziele entwickeln sich aus Visionen, die wir in kleinere Ziele und diese wiederum in Maßnahmenpakete unterteilen.

9. Aspekt der Resilienz: Neues ansteuern

In Krisenzeiten lenken (neue) Ziele die Gedanken weg vom Schmerzhaften der Vergangenheit in die Gegenwart und die Zukunft, was eine seelische Erholungspause bedeuten kann. Eines sollen Ziele jedoch nicht sein: ein Mittel zur dauerhaften Verdrängung des Vorgefallenen. Resilienz zu haben bedeutet nicht, die schmerzenden Ereignisse ins Unbewusste zu schieben und möglichst schnell wieder zu »funktionieren«. Resilient zu sein heißt, sich dem Geschehenen immer wieder in kleinen Portionen zu stellen, es seelisch zu verarbeiten, es in die Identität zu integrieren und sich dem Leben wieder zu öffnen.

Besonders hilfreich bei dem Verarbeiten von Traumata sind Ziele, die anderen Menschen Gutes tun. Sie bringen zusätzlich zu den oben genannten Vorteilen von Zielen und der Unterstützung anderer unsere Sicht in Balance, erinnern uns immer wieder daran, dass nicht nur wir Schweres erleben, sondern auch viele andere Menschen.

Das Leben ist ein Marathon, kein Sprint. Man muss jeden Tag einen Schritt machen. Nutze die Zeit. Red' nicht, mach!

-Ben Quattara-

Essenz

- *Ein Schicksalsschlag zerstört gewohnte Strukturen. Durch das Verfolgen neuer Ziele bilden wir neue Strukturen.*
- *Dabei ist es wichtig, unsere neuen Vorhaben innerhalb unserer Möglichkeiten zu planen.*
- *Sind die Ziele herausfordernd und überprüfbar, stärkt ihr Erreichen unser Selbstwertempfinden.*
- *Ziele entwickeln sich aus Visionen, die wir in kleinere Ziele und diese wiederum in Maßnahmenpakete unterteilen.*
- *In Krisenzeiten lenken Ziele die Gedanken weg vom Schmerzhaften. Sie sollen jedoch kein Mittel zum beständigen Verdrängen des Geschehenen sein.*
- *Besonders hilfreich sind Ziele, die anderen Menschen Gutes tun.*

Ich möchte die Diskriminierung von Behinderten ändern.

-Madeline Stuart-

Madeline Stuart ist eines der ersten Models mit Downsyndrom und Tänzerin.

9. Aspekt der Resilienz: Neues ansteuern

Sich nicht bremsen lassen

KURZBIOGRAFIE:

Madeline Stuart *ist eines der ersten Models mit Down-Syndrom. Sie kam vor 20 Jahren mit einem schweren Herzfehler und der Genmutation Trisomie 21 zur Welt. »Die Ärzte sagten mir, sie würde nie etwas erreichen«, berichtet ihre Mutter.*
Im Alter von 17 Jahren entdeckt Madeline ihr Interesse an der Mode. Sie, die übergewichtig ist, beginnt, sich bewusst zu ernähren, geht fünf mal in der Woche zum Schwimmen, nimmt regelmäßig an einer Tanzgruppe teil, spielt Cricket und verliert auf diese Weise zwanzig Kilo Körpergewicht.
Als ihre Mutter Fotoaufnahmen von ihr macht und einige davon auf Madelines Wunsch hin in Facebook veröffentlicht, hat Madeline innerhalb weniger Monate mehr als 100.000 Fans.
Madeline bekommt erste Aufträge als Model, obwohl sie nur 1,50m groß ist. Im Alter von 18 Jahren geht sie über den Catwalk bei der New York Fashion Week und erntet für ihren Auftritt großen Beifall. Weitere Aufträge für Modeschauen in Schweden, Russland, Dubai, Libanon, Australien, Indien, USA und England schließen sich an.
»Sie will die Diskriminierung von Behinderten ändern«, sagt ihre Mutter für ihre interviewscheue Tochter.[25]
Im Februar 2017 startete Madeline ihre eigene Mode Marke mit dem Namen:
21 Reasons Why.

Bei Stephen Hawking sahen wir, wie wichtig es ist, dass wir uns Ziele setzen, die sich im Rahmen des Möglichen und innerhalb unserer Fähigkeiten befinden. Madeline Stuart fordert uns heraus, dabei unser Potential voll auszuschöpfen, mehr aus uns herauszuholen, als vielleicht andere Menschen uns zutrauen. Sie schüttelt eigene Zweifel und auch die anderer Menschen ab und setzt alles ein, ihre Fähigkeiten zu verwirklichen.

Dieses Streben, sich nicht bremsen zu lassen, und die Hartnäckigkeit, den eigenen inneren Widerstand zu überwinden, um das Beste aus sich herauszuholen, kennzeichnen alle Heldinnen und Helden, egal, welche Ziele sie sich stecken.

Für Madeline war und ist die bewusste Ernährung und das Trainieren ihres Körpers eine Maßnahme, um ein für sie übergeordnetes Ziel zu erreichen. Doch wir wollen an dieser Stelle exemplarisch für alle möglichen Vorsätze und Pläne das Anstreben körperlicher Ziele betrachten. Denn für uns alle ist es wichtig, unseren Körper so gut wie möglich zu trainieren. Unser Körperzustand, unser Geist und unsere seelische Verfassung haben intensive Wechselwirkungen aufeinander, sowohl in guten als auch in schwierigen Zeiten. Unsere seelische und geistige Widerstandskraft wird stark davon beeinflusst, wie wir mit unserem Körper umgehen. Achten wir auf ausgewogene Ernährung? Sorgen wir für genügend Bewegung? Suchen wir uns körperliche Herausforderungen? Gönnen wir unserem Körper die notwendige Ruhe? Verzichten wir auf Gifte und Drogen?

Ziele fordern uns heraus, Trägheit oder Mutlosigkeit zu überwinden. Indem wir sportliche Ziele verfolgen, trainieren wir nicht nur unseren Körper. Wir fördern gleichzeitig unsere

Willensstärke, unser Durchhaltevermögen, unsere Ausgeglichenheit, unsere Geduld, unsere Konzentration und unsere Disziplin.[26] Das sind mentale Fähigkeiten, die wir in schwierigen Zeiten als Teil unserer Resilienz dringend brauchen.

Es hilft, mit einer Freundin oder einem Freund zu trainieren. Denn das spornt uns an, unterstützt unsere Beständigkeit, und gleichzeitig pflegen wir eine Freundschaft. Dabei geht es nicht um Spitzenleistungen, sondern darum, in einer möglichst guten körperlichen, geistigen und seelischen Verfassung zu sein, um die Herausforderungen des Lebens zu meistern.

Körperliches Training ist eine Metapher für das Leben: Wir wachsen am Bewältigen von Schwierigem. Mit einem täglichen Ziel vor Augen schaffen wir uns Struktur, haben Erfolgserlebnisse und erkennen viele Gründe, dankbar zu sein – dem Körper, dem Geist, den Menschen, dem Leben.

Das größte Vergnügen im Leben besteht darin, das zu tun, von dem die Leute sagen, du könntest es nicht.

-Walter Bagehot-

Essenz

- *Heldinnen und Helden holen das Beste aus sich heraus.*
- *Unsere seelische, geistige und körperliche Widerstandskraft beeinflussen sich gegenseitig sehr stark.*
- *Deshalb ist es sehr wichtig, sich seelisch gesund sowie geistig und körperlich möglichst fit zu halten.*
- *Durch das Verfolgen von Zielen fördern wir unsere Willensstärke, unser Durchhaltevermögen, Ausgeglichenheit, Geduld, Konzentration und unsere Disziplin. Diese Fähigkeiten brauchen wir dringend in schwierigen Zeiten.*

10. Aspekt der Resilienz:

Dankbar sein

Ich glaube nämlich
ganz fest, dass man immer
einen anderen Menschen
geschickt bekommt –
nicht immer einen Vater oder
eine Mutter oder eine
Schwester oder einen
Bruder – sondern irgend
jemanden.

-Tina Turner -

Tina Turner, Sängerin,
Tänzerin, Autorin, erlebte
lieblose Eltern und einen
sadistischen ersten Ehemann.

10. Aspekt der Resilienz: Dankbar sein

Zuwendung wertschätzen

KURZBIOGRAFIE:

Anna Mae Bullock, *bekannt als Tina Turner, wurde als unwillkommenes Kind in eine Ehe geboren, die aus Kämpfen und Streit bestand. »Ich war nicht von Menschen umgeben, die liebten«,*[27] *erzählt sie. Als sie drei Jahre alt ist, bringen die Eltern sie und ihre Schwester getrennt anderswo unter und gehen fort. Zwei Jahre später kommen sie zwar zurück, aber als Tina zehn Jahre alt ist, verschwinden eines Tages die Mutter und drei Jahre später der Vater, ohne sich wieder zu melden oder wenigstens aus der Ferne für den Lebensunterhalt der Kinder zu sorgen.*

Margaret, eine drei Jahre ältere Cousine, steht Tina nahe. Sie ist für Tina Freundin, Schwester, Mutter, Lehrerin. Doch Margaret verunglückt tödlich, als Tina vierzehn Jahre alt ist. Ein Jahr später lernt Tina ihre erste große Liebe kennen, dann mit 19 Jahren Ike Turner. Sie wird Backgroundsängerin in Ike Turners Band, aus der Freundschaft wird eine intime Beziehung und eine Ehe.

Während der musikalische Erfolg von Ike und Tina Turner wächst, häufen sich Ikes sadistische Gewalttätigkeiten und Demütigungen an Tina. Tina bleibt jedoch bei ihm, vor allem wegen der beiden Söhne. Sie will ihnen ein Zuhause ermöglichen, wie sie es kaum hatte. Erst mit 37 Jahren verlässt Tina Turner Ike, überlässt ihm das ganze Vermögen, übernimmt die Schulden und fängt nach der Scheidung ganz von vorne an. Sie erarbeitet sich eine Weltkarriere als Solo-Sängerin und Schauspielerin. Seit 1990 lebt Tina Turner dauerhaft in der Schweiz und ist seit 2013 mit ihrem langjährigen Lebensgefährten Erwin Bach verheiratet.

Ich glaube nämlich ganz fest, dass man immer einen anderen Menschen geschickt bekommt – nicht immer einen Vater oder eine Mutter oder eine Schwester oder einen Bruder – sondern irgend jemanden«,[28] sagt Tina Turner.

Es sind nicht immer die Personen, von denen wir Unterstützung erhoffen, die uns in Notlagen zur Seite stehen können. Auch diese Menschen, an die wir unsere Erwartungen heften, haben ihre Lebensgeschichte, so wie wir. Sie sind vielleicht emotional, psychisch oder physisch überfordert. Trotzdem beißen wir uns manchmal an unseren Erwartungen fest, wollen gerade von jenen Unterstützung bekommen, die es auf Grund innerer oder äußerer Hemmnisse nicht können. Möglicherweise werden wir vorwurfsvoll – was es diesen Menschen nicht leichter macht, zu helfen. Manche von uns werden verbittert gegenüber sich selbst und anderen und schaden sich selber damit am meisten.

Vielleicht sind unsere Erwartungen zu hoch, nicht erfüllbar für einen einzigen Menschen. Wir haben bei Schicksalsschlägen und in tiefen Krisen manchmal Wünsche und Sehnsüchte wie ein kleines Kind nach einer idealen Mutter, als müssten sich die Welt und die Menschen nur noch um uns drehen. Dabei haben die anderen ein ausgefülltes Leben mit Arbeit, Verpflichtungen, eigenen Wünschen, Ängsten, Beziehungen. Sie brauchen auch für sich Zeit. Das Kind-Ähnliche in uns kann in schwierigen Zeiten außerdem hervorbringen, dass wir erwarten, uns nahestehende Menschen würden ahnen, was wir brauchen, ohne dass wir es artikulieren. Sie sind jedoch selten Gedankenleser. Wir müssen in Worte fassen, was wir uns wünschen und es sagen.

Vielleicht sind unsere Wünsche angemessen und werden dennoch von dem Menschen, dem gegenüber wir sie hegen, nicht erfüllt. Ja, es wird uns traurig machen. Hier kommt jedoch unsere Fähigkeit zum Tragen, die Realität anzuerkennen, anzunehmen, was ist, und andere Menschen um Unterstützung zu bitten. Es gilt, auf unsere Gedanken zu achten, sie wegzuführen von dem Kreisen um das Unerfüllte hin zum Sehen dessen, was wir – von wem auch immer – bekommen. Wenn wir offen sind, werden wir erkennen, wie viele Menschen etwas für uns tun, Menschen von denen wir es vielleicht nie gedacht und erwartet hätten.

An dieser Stelle möchten wir auf die vielfältigen Kriseninterventionsteams hinweisen, die unverletzte Beteiligte und Angehörige bei akut psychisch traumatisierenden Unfällen, Notfällen und Katastrophen unmittelbar nach dem Ereignis betreuen, um posttraumatischen Belastungsstörungen vorzubeugen. Sie leisten Erste Hilfe an der Seele und sind zu finden unter den Namen KIT (Kriseninterventionsteam), KED (Krisenintervention im Einsatzdienst), Notfallnachsorge oder Notfallbetreuung (NFB) sowie Notfallseelsorge von Theologen. Feuerwehr und Polizei kennen die Kontaktmöglichkeiten. Diese schnell einsetzbaren Teams leisten eine psycho-soziale Notversorgung, vermitteln ersten Halt in Orientierungslosigkeit und Schutz, um Emotionen zuzulassen. Sie helfen, eine neue Struktur für die kommenden Tage zu finden und bilden eine Brücke zu ankommenden, unterstützenden Verwandten oder Freunden, zu Selbsthilfegruppen und weiteren Beratungsstellen. Zuwendung und professionelle Hilfe für die weitere Krisenbewältigung finden wir bei ausgebildeten psychologischen oder ärztlichen Psychotherapeutinnen oder Psychotherapeuten.

Auf meinem ganzen Weg wurde mir geholfen.

-Tina Turner-

Essenz

- *Manchmal stehen uns die Menschen, von denen wir es uns wünschen, bei einem Unglück nicht zur Seite.*
- *Wir schaden uns selbst am meisten, wenn wir an unseren Erwartungen an sie festhalten.*
- *Vielleicht sind unsere Erwartungen zu hoch, denn in schweren Zeiten haben wir manchmal Wünsche wie ein kleines Kind an eine ideale Mutter.*
- *Auch können Nahestehende keine Gedanken lesen. Wir müssen unsere Anliegen artikulieren.*
- *Sind unsere Erwartungen angemessen und bleiben doch unerfüllt, gilt es unsere Gedanken wegzulenken von der Enttäuschung hin zum Erkennen, was wir von anderen Menschen bekommen.*
- *Kriseninterventionsteams stellen eine seelische Erste Hilfe in akuten Krisen dar.*
- *Selbstmitleid ist eine Falle.*

Mein Leben jedenfalls soll ein großes Fest sein, beschließe ich mutterseelenallein nach der Beerdigung. Ich entscheide mich ganz bewusst für das Lachen und die Fülle des Lebens.

-Hape Kerkeling-

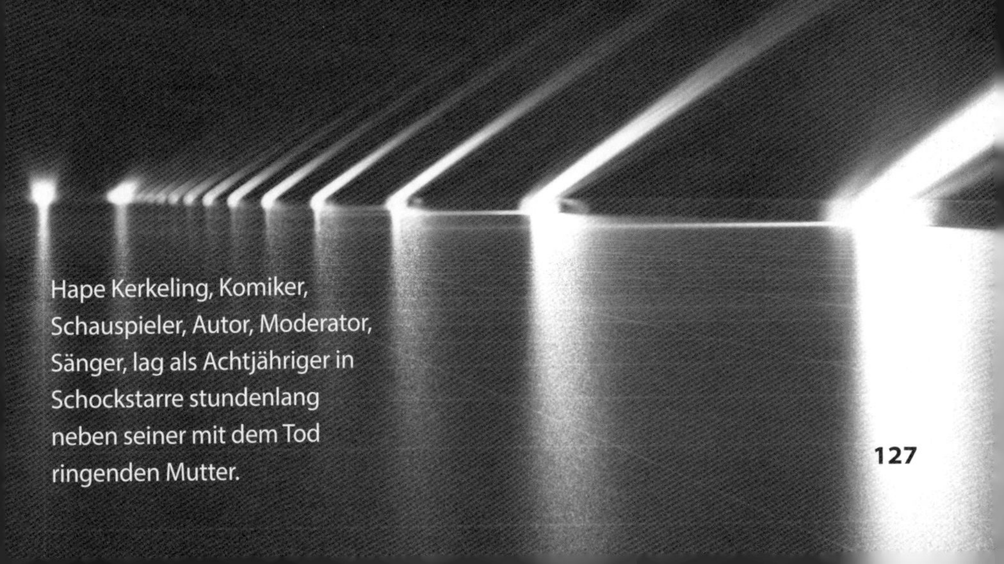

Hape Kerkeling, Komiker, Schauspieler, Autor, Moderator, Sänger, lag als Achtjähriger in Schockstarre stundenlang neben seiner mit dem Tod ringenden Mutter.

10. Aspekt der Resilienz: Dankbar sein

Lachen, wieder glücklich sein

KURZBIOGRAFIE:

Hans-Peter »Hape« *Kerkeling wird 1964 in eine für ihn zunächst idyllische Welt geboren, ein Leben mit humorvollen Eltern und Verwandten, Garten, Wiesen und einem Tante-Emma-Laden der Großmutter, in dem Hape mit der häufig lachenden Mutter fast täglich viele Stunden verbringt.*
Als er sechs Jahre alt ist, zieht seine Familie in die Stadt. Die vielen Renovierungsarbeiten an dem erworbenen alten Haus, die Pflege der schwer kranken eigenen Mutter und die beruflich bedingte, häufig wochenlange Abwesenheit des Vaters, zehren an der Kraft der Mutter. Sie wird immer niedergeschlagener, auch unberechenbar, bis sie in schwerer Depression jeden Tag stundenlang vor sich hin starrend auf einem Stuhl sitzt. Sie bleibt dann – obwohl der kleine Hape verzweifelt versucht, durch Spaß ihre Aufmerksamkeit auf sich zu ziehen – nicht ansprechbar.
Eines Nachts, Hape ist acht Jahre alt und wie so oft mit der Mutter alleine, versucht diese, sich das Leben zu nehmen. Niemand hört die Hilfeschreie des verstörten Kindes, niemand unterstützt seine verzweifelten Versuche, sie zu wecken. Stundenlang liegt das Kind anschließend in Schockstarre neben der mit dem Tod ringenden Mutter. Erst als der Vater gegen Morgen aus der Nachtschicht nach Hause kommt, holt man Hilfe. Es ist Hape, der den Abschiedsbrief und das Glas, in dem die Mutter Schlaftabletten aufgelöst hat, findet. Wenige Tage später stirbt die Mutter, und schlagartig wird Hape erwachsen.
Hape Kerkeling hat aus seinen dramatischen und traumatischen Erfahrungen eine Stärke gemacht. Heute ist er ein bekannter Komiker, Schauspieler, Moderator, Sänger und erfolgreicher Autor.

Für die Fülle des Lebens und das Lachen entscheidet sich Hape Kerkeling am Tag der Beerdigung seiner Mutter im Alter von acht Jahren[29]. Er ist Kind und weiß doch schon, dass das Glücklichsein und das Sehen der Fülle des Lebens auch Folgen der Entscheidung sind, was man wahrnehmen will im Leben.
Kurz nach einem Schicksalsschlag oder auf dem Höhepunkt einer Krise können wir uns nicht vorstellen, je wieder von Herzen zu lachen, unbeschwert und glücklich zu sein. Und doch ist es wichtig, das zumindest für möglich zu halten und, wenn es passiert, ohne schlechtes Gewissen und mit allen Sinnen den Glücksmoment zu leben. **Die Zeit der Trauer, des Kummers, der Wut, der Schuldgefühle darf und muss irgendwann vorbei sein, selbst wenn die Umwelt anderer Meinung ist.**

Es hilft – während und nach dem Verarbeiten des Schmerzhaften –, Sport zu treiben (wenn es möglich ist), die Natur zu erleben, herausfordernde Ziele anzustreben und die Gemeinschaft mit positiven Menschen zu suchen, um wieder in das Leben, in eine neue Normalität hineinzuwachsen und ein neues Glück zu erleben. Es wird ein Glück sein, das man anders als vor dem Schicksalsschlag, bewusster erlebt.
Man kann das Schöne, das Gute im neuen Leben suchen. Man kann entscheiden, ob man »das Glas als halb voll oder als halb leer« bezeichnet, ob man dankbar ist für das, was man hat: einen wachen Geist, Liebesfähigkeit, einen Körper, der trotz mancher Einschränkungen einen immer noch am Leben teilhaben lässt, Freunde, Familie, die Chancen, die unsere Zeit, die Medizin, unsere Kultur uns bieten oder ob wir das alles als selbstverständlich erachten.

Glück ist nicht die Abwesenheit von Negativem, sondern hat sehr viel mit innerem Frieden zu tun. Glück ist auch, anders als in den Märchen, in denen Prinz und Prinzessin »glücklich bis an ihr Lebensende« leben, kein Dauerzustand. Momente gibt es, in denen wir glücklich sind, und es liegt an uns, ob wir sie wertschätzen und als inneren Reichtum sammeln.

Es sind unsere inneren Einstellungen, die uns glücklich oder unglücklich sein lassen, wenn wir die Widersprüche des Lebens erfahren. Jedes Leben bedeutet Veränderung, mögen wir noch so sehr den Status Quo erhalten wollen. Unser Leben ist, was unsere Gedanken aus dem machen, was uns im Leben begegnet. Nicht das Leben formt uns so sehr: Wir gestalten uns – dadurch, wie wir mit den Ereignissen des Lebens umgehen. Geben wir ihnen Sinn? Sehen wir sie als Chance, unsere innere Kraft und unser Durchhaltevermögen zu beweisen? Schaffen wir Gutes auch für andere? Sind wir innerlich in Frieden mit dem, was Leben bedeutet – zufrieden?

Inneren Frieden finden wir durch das Einverstandensein mit dem Leben, durch Trauerarbeit, durch Sinnfindung und durch das sich selbst und anderen Verzeihen. All das hat sehr viel mit Glück zu tun.
Bevor es uns gelingt, wieder Glücksmomente zu erleben, steht uns schon der Humor zur Verfügung. Humor entdramatisiert manche Situation. Er verschafft uns einen kleinen Abstand zu dem Schlimmen, das geschehen ist. In Humor ist Liebe, liegt Großzügigkeit, anders als in Ironie oder Satire, die beißend sind. Es sind Humor, Lachen, der Blick für die Fülle des neuen Lebens und Dankbarkeit, die uns eines Tages wieder glücklich sein lassen.

Man kann auf jedem Niveau klagen – aber auch glücklich sein.

-Samuel Koch-

Essenz

- *Jedes Leben enthält Herausforderungen und Veränderung. Wir entscheiden, was unsere Gedanken daraus machen.*
- *Trauer, Wut und Schuldgefühle dürfen verebben nach schlimmen Erlebnissen.*
- *Glück ist nicht die Abwesenheit von Negativem, sondern hat sehr viel mit innerem Frieden zu tun.*
- *Glück ist kein Dauerzustand. Wir erleben Momente des Glücks.*
- *Humor entdramatisiert und verschafft uns Abstand zu Schwierigem.*
- *In Humor liegen Liebe und Großzügigkeit, anders als in Ironie oder Satire.*
- *Humor und der Blick für das Gute im (neuen) Leben lassen uns (wieder) glücklich sein.*

Epilog

Die modernen Heldinnen und Helden zeigen uns wie durch ein Vergrößerungsglas, woraus auch unsere persönliche Resilienz besteht. Resilienz ist erlern- und förderbar, doch sie will immer gepflegt und gestärkt werden, selbst in guten Zeiten.

Die Lebenswege der modernen Heldinnen und Helden machen uns Mut. Auch sie waren einmal klein, verzagt, hatten Angst, so wie wir manchmal. Doch sie zeigen uns auch, welche Kraft in uns Menschen steckt, wenn das Schicksal uns herausfordert, und wie sehr wir an Persönlichkeit gewinnen durch die Überwindung von Schwierigkeiten.

Es liegt an uns, ob wir an Schicksalsschlägen und Krisen wachsen oder ob wir dem Leid verhaftet bleiben. Wir stellen die Weichen: *Wir* sind es, die bestimmte Gedanken hegen, gewisse Einstellungen pflegen. *Wir* sind es, die Sinn finden oder Sinn erschaffen. *Wir* setzen uns neue Ziele und öffnen uns dem neuen Leben. Oder wir tun es nicht.

Wir brauchen und bekommen Unterstützung, wenn wir sie annehmen. Doch letztlich liegt es an uns, auf welche Weise wir den Weg aus einer Krise in eine bewusste Zukunft gehen,

ob wir das Vergangene als inneren Reichtum an Erfahrung bewahren und uns öffnen für das neue Leben. Die modernen Heldinnen und Helden ermuntern uns und fordern uns heraus, uns auf den Weg zu machen, als Heldin oder Held auf die Anforderungen des Lebens zu antworten.
Eines ist sicher: Jeder und jede von uns hat das Potential, eine Heldin oder ein Held zu werden. Auch Sie.

Memo für schwierige Zeiten

Realität gründlich ansehen und die neue Realität akzeptieren

Einstellungen (innere Einstellungen) positiv gestalten

Sinn finden und Sinn erschaffen

In die Wahrnehmung aller Empfindungen gehen

Liebe und Freundschaften pflegen

Inneren Frieden erlangen (vergeben, sich selbst verzeihen, Seelenhygiene)

Erkenntnisse über sich selbst suchen

Neues anstreben, neue Ziele, neue Fitness, Lachen und wieder glücklich sein

Zuwendung wertschätzen, dankbar sein

Anmerkungen

1 Schäuble, Wolfgang, Interview durch Birgit M. Begus am 11. März 2015 in München
2 Koch, Samuel (2012) Zwei Leben, Adeo Verlag, Asslar S. 84
3 Koch, Samuel (2012) S. 147f
4 Koch, Samuel, Interview durch Ronald Meyer-Arlt, erschienen am 5. Januar 2017 in Hannoversche Allgemeine
5 Kampusch, Natascha (2014) 3096 Tage, 12. Auflage, Ullstein Verlag, Berlin S.16
6 Kampusch, Natascha zitiert von Martin Wolf im Spiegel Online Artikel über Günter Jauchs Talk »Geisel ein Leben lang« 18.2.2013
7 Yousafzai, Malala, Rede vor den Vereinten Nationen am 12 Juli 2013, Malalas 16. Geburtstag
8 Frankl, Viktor (2015) Der Mensch vor der Frage nach dem Sinn. Eine Auswahl aus dem Gesamtwerk, 28. Auflage, Piper Verlag, München S.240
9 Frankl, Viktor (2015) S.146
10 Frankl, Viktor (2015) S.47
11 Dirie, Waris (2007) Wüstenblume, Knaur Taschenbuch Verlag, München S.9
12 Dirie, Waris (2007) S.329
13 Dirie, Waris Interview 29. März 2012, veröffentlicht in VENTURES
14 Dirie, Waris (2007) S.340
15 Zitiert nach Huffington, Arianna (2014) Die Neuerfindung des Erfolges. Weisheit, Staunen, Großzügigkeit – Was uns wirklich weiter bringt.
Riemann Verlag, München S.171
16 Messner, Reinhold (2016) Der nackte Berg, Nanga Parbat – Bruder Tod und einsamkeit, 12. Auflage, Piper Verlag, München S. 294
Das Zitat auf der vorhergehenden Seite ist aus: Messner, Reinhold (2017) Über Leben, 2. Auflage, Piper Verlag, München, Lizenzierte der National Geographic Society S. 129
17 Bauby, Jean-Dominique (2007) Schmetterling und Taucherglocke, dtv, München S.43
18 Bauby, Jean-Dominique (2007) S.56
19 Bouillé, Krista, Interview durch Birgit M. Begus am 11. Mai 2015 in München
20 Prince Harry, Interview durch Bryony Gordon, erschienen am 17. April 2017 in The Telegraph, London
21 Kast, Verena (2001) Trauern, Phasen und Chancen des psychischen Prozesses, 23. Auflage, Kreuz-Verlag, Freiburg S.57ff
22 Hannawald, Sven, Interview durch Frank Gerbert, erschienen am 13.05.2017 in FOCUS Magazin Nr. 19
23 Der Musiker Peter Schilling beschreibt das eindrucksvoll: »Wenn ich im Studio bin, wo alle meine Gitarren stehen, und singe die Tonleiter von unten bis oben, wird irgend wann eine Saite auf einer Gitarre hör- und fühlbar mit schwingen. Und zwar genau dann, wenn die von mir gesungene Frequenz mit der Spannung der Saite, also mit dem Ton übereinstimmt. Das ist Physik und keine Esoterik. So verhält es sich auch mit Ihrer Schwingung…auf Ihre Mitmen schen.« Schilling, Peter (2013) Völlig losgelöst. Mein langer Weg zum Selbst wert, Belz Verlag, Weinheim, Basel S.155
24 Fisher, Carrie (2013) Prinzessin Leila schlägt zurück. Mein verrücktes Leben zwischen Kokain, Elektroschocktherapie und einem schwulen Ehemann, 2.Auflage, mvg Verlag, München
25 Spiegel Online, Interview durch Watson mit Madeline Stuarts Mutter am 22.5.2015
26 Darauf wies David Greuzinger in einem Interview durch Birgit M. Begus am 13.4.2015 in München hin.
27 Turner, Tina (1986) Ich Tina, Goldmann Verlag, München S.36
28 Turner, Tina (1986) S. 31
29 Kerkeling, Hape (2016) Der Junge muss an die frische Luft,
Piper Verlag, München S.242

Im Rahmen dieses Bildbandes wurde das Thema der persönlichen Resilienz und ihre Stärkungsmöglichkeiten in sehr kurzer Form angesprochen. Wenn Sie sich intensiv mit dem Thema der persönlichen Resilienz befassen wollen, empfehlen wir Ihnen das im Kohlhammer Verlag erschienene Buch

**»Das Geheimnis seelischer Kraft –
Wie Sie durch Resilienz Schicksalsschläge und Krisen überwinden«
von Jens-Uwe Martens und Birgit M. Begus.**

Bildnachweis

Portraits:
Wolfgang Schäuble, Foto: Feuerwehr München/ Presse Abteilung.
Samuel Koch, Foto: Rainer Unkel/ Süddeutsche Zeitung.
Natascha Kampusch, Foto: dpa picture alliance/Alamy.
Malala Yousafzai, Foto: snapshot-photography/Süddeusche Zeitung.
Viktor Frankl, Foto: United Archives/kpa/ Süddeusche Zeitung.
Waris Dirie, Foto: ap/dpa/picture alliance/ Süddeusche Zeitung.
Nelson Mandela, Photo: Phototek net/ Süddeusche Zeitung.
Reinhold Messner, Foto: P/F/H/ Süddeusche Zeitung.
Jean-Dominique Bauby, Foto: Imago Images.
Krista Bouillé, Foto: Julia Parker
Prinz Harry, Foto: Landmark Media/ Shutterstock/Bart Lenoir
Sven Hannawald, Foto: WENN Rights Ltd/ Alamy
Antoine Leiris, Foto: Luciano Movio/Alamy
Stephen Hawking, Foto: P/F/H/ Süddeusche Zeitung
Madeline Stuart, Foto: JMG/ Jade Ehlers
Tina Turner, Foto: Robert Landau/ Alamy
Hape Kerkeling, Foto: Teutopress/ Süddeutsche Zeitung
Birgit M Begus, Foto: Toni Sahm
Noëlle Thieux- Denzinger, Foto: Caroline Martin

Seiten: 10 -11, 18 -19, 26 -27, 40 - 41, 54 - 55, 68 - 69, 76 -77, 90 - 91, 104 -105, 118 -119 Foto: Path-Ersler Dmitry/ Shutterstock
Seite 13: Skyline/ Shutterstock
Seiten 21, 71: Nadla/ iStock
Seiten 29, 121: SMS ka/ Shutterstock
Seiten 35, 113: Bokeh Blur/Shutterstock
Seiten 43, 85: Thaiview/ Shutterstock
Seiten 49, 99: Rich Carey/ Shutterstock
Seite 57: Temstock/ Shutterstock
Seiten 63, 79: Ken Canning/ iStock
Seite 93: Gualtiero Boffi/ Shutterstock
Seite 107: Cappan/ iStock
Seite 127: Chanchai howharn/ Shutterstock
Seite 133: Herzstaub/ iStock

Weiterführende Literatur

Bandelow, Borwin (2013) *Das Angstbuch. Woher Ängste kommen und wie man sie bekämpfen kann.* Rowohlt Taschenbuch Verlag, Reinbek bei Hamburg
Dufour, Daniel Dr.med (2019) *Das Ende des Tunnels – Posttraumatische Belastungsstörungen erkennen und überwinden.* Mankau Verlag, Murnau
Ferrini, Paul (2010) *Die zwölf Schritte der Vergebung. Aus der Tiefe des Herzens leben.* Schirner Verlag, Darmstadt
Harris, Thomas A. (2010) Ich bin o.k. – *Du bist o.k. Wie wir uns selbst besser verstehen und unsere Einstellung zu anderen verändern können. Eine Einführung in die Transaktionsanalyse.* Rowohlt Taschenbuch Verlag, Reinbek bei Hamburg
Hay, Louise (2003) *Heile deinen Körper.* Lüchow Verlag, Kamphausen
Kast, Verena (2001) *Trauern – Phasen und Chancen des psychischen Prozesses.* Kreuz Verlag, Freiburg
Krystal, Phyllis (2004) *Frei von Angst und Ablehnung: Lösung von kollektiven Bindungen.* Ullstein Verlag, Berlin
Kübler-Ross, Elisabeth (2012) *Über den Tod und das Leben danach.* Verlag Die Silberschnur, Güllesheim
Martens, Jens-Uwe und Begus, Birgit (2018) *Das Geheimnis seelischer Kraft – Wie Sie durch Resilienz Schicksalsschläge und Krisen überwinden.* Kohlhammer Verlag, Stuttgart
Pennebaker, James W. (2010) *Heilung durch Schreiben. Ein Arbeitsbuch zur Selbsthilfe.* Verlag Hans Huber, Bern
Rinpoche, Sogyal (2010) *Das tibetische Buch vom Leben und Sterben.* Knaur MensSana Verlag, München
Saint Exupery, Antoine de (2007) *Der kleine Prinz.* Karl Rauch Verlag, Düsseldorf
Tipping, Colin (2006) *Ich vergebe.* Kampfhausen Verlag, Bielefeld

Biographien

Bauby, Jean Dominique (2007) *Schmetterling und Taucherglocke.* dtv, München
Dirie, Waris (2007) *Wüstenblume.* Knaur Taschenbuch Verlag, München
Frankl, Viktor (2018) *Trotzdem JA zum Leben sagen.* Ein Psychologe erlebt das Konzentrationslager. Pinguin Verlag, München
Frankl, Viktor (2015) *Der Mensch vor der Frage nach dem Sinn. Eine Auswahl aus dem Gesamtwerk.* Piper Verlag, München
Kampusch, Natascha (2014) *3096 Tage.* Ullstein Verlag, Berlin
Kerkeling, Hape (2016) *Der Junge muss an die frische Luft.* Piper Verlag, München
Koch, Samuel (2012) *Zwei Leben.* Adeo Verlag Asslar
Mandela, Nelson (2004) *Long walk to freedom: The Authobiography of Nelson Mandela.* Gekürzte Version von Coco Cachalia und Marc Suttner. Little, Brown & Co, London
Messner, Reinhold (2016) *Der nackte Berg, Nanga Parbat – Bruder Tod und Einsamkeit.* Piper Verlag, München
Messner, Reinhold (2017) *Über das Leben.* Piper Verlag, München
Schilling, Peter (2013) *Völlig losgelöst. Mein Weg zum Selbstwert.* Belz Verlag, Weinheim, Basel
Turner, Tina (1986) *Ich, Tina.* Goldmann Verlag, München

Danksagung

Bei der Entstehung dieses Buch halfen uns Wolfgang Schäuble, der uns sein Spezialwissen zur Verfügung stellte, Margot und Jürgen Vatter, Günter Bernkopf, Eckhard Janiesch und Hans Gamber. Ihr habt uns wichtige Impulse gegeben und ward geduldig und hilfreich als Lektoren.
Von Herzen Dank!

Wenn die innere Quelle versiegt
Wir wissen alle, dass Ausgebranntsein damit zu tun hat, dass wir zu unserer Energie, Kraft und Lebensfreude keinen Zugang mehr haben und auch nicht wissen, wie wir unsere Energie wieder aktivieren können. Hier müssen wir nicht nur wieder zur Ruhe kommen, sondern in ein ganz neues energetisches Gleichgewicht finden. Wie das möglich ist, zeigt dieses praktische Buch mit zahlreichen Übungen.

Ursula Georgii
Durch Charkrenausgleich in die Balance
Burnout energetisch heilen
Broschur, 224 Seiten
ISBN 978-3-89060-754-2

Es ist Zeit für ... The Deeper Secret
Das »Gesetz der Anziehung« ist nur eines von zwölf universellen Gesetzen. Diese zwölf Gesetze hat Annemarie Postma in diesem Buch lebens- und praxisnah beschrieben. Und sie stellt klar: Diese Gesetze zu kennen und im eigenen Leben anzuwenden ist kein Fingerschnippen, sondern ein Prozess lebenslangen Lernens und Übens. Und dazu ist ihr Buch ein Wegbegleiter, den man immer wieder zur Hand nehmen sollte. Fülle stellt sich ein, wenn wir nicht mehr fragen: »Was kann das Universum für mich tun?« sondern: »Was kann ich fürs Weltganze tun?«

Annemarie Postma
The Deeper Secret
Das Tiefere Geheimnis
Pappband mit Lesebändchen, 160 Seiten
ISBN 978-3-89060-581-4

Auf den Körper vertrauen
Unser Körper ist immer da, und er teilt sich uns auch ständig mit. Doch wir haben verlernt, ihn wahrzunehmen, sind abgeschnitten von seiner Weisheit. Alte Traumata abzulegen und wieder in die unmittelbare Körperwahrnehmung zu gehen, dazu will dieses praktische Buch Wegweiser und Anleitung sein. Es macht Mut, wieder Vertrauen in den eigenen Körper und seine Selbstheilungskräfte zu fassen. Der Körper hat seine eigene Sprache, die älter und ursprünglicher ist, als die meisten von uns glauben. Es wird Zeit hinzuhören! In diesem Buch geht es um die Wiedergewinnung dieses lebensfördernden Systems, das wir alle in uns tragen und das geduldig darauf wartet, gehört zu werden.

Suzanne, Scurlock-Durana
Bewusst Körper Sein
Wie wir die uns innewohnende uralte Weisheit des Körpers wiedergewinnen und in unserem alltäglichen Leben heilsam anwenden
Broschur, 192 Seiten
ISBN 978-3-89060-744-3

Alles über Schlaf und Träume

Dieses umfassende Handbuch verhilft zu einem guten Schlaf und öffnet das Tor zum reichen Potential unserer Träume. Es ist eine gelungene Kombination aus fundiertem aktuellen Fachwissen, einer leichten, eingängigen Sprache und zahlreichen Tipps und Anregungen. So wird die Nacht zu einem reichen Erfahrungsfeld mit wunderbaren Träumen.

Annekatrin Puhle
Das große Buch vom Träumen
Wie Sie gut schlafen und etwas Schönes träumen
Auf dem aktuellen Stand der Schlaf- und Traumforschung
Paperback, 256 Seiten
ISBN 978-3-89060-719-1

Der Weg zum wahren Frau-Sein

Der Weg der Kriegerin, den Dorit Stövhase-Klaunig in ihrem dritten Buch beschreibt, geht nicht gegen einen äußeren Feind. Denn dieser ist immer nur eine Projektion aus dem eigenen Inneren. Deshalb geht es hier um die Auseinandersetzung auf dem inneren »Schlachtfeld« und letztlich um die Befriedung des eigenen Körperlandes. Dies ist eine reflektierende Reise durch schmerzliche persönliche und kollektive Erfahrungen zu einem inneren Frieden, der ausstrahlend größere Wirkkreise ziehen kann.

Dorit Stövhase-Klaunig
Die Kriegerin
Die Frau, die mit dem Feuer tanzt
Paperback, 112 Seiten
ISBN 978-3-89060-713-9

Surfen im kosmischen Lebensnetz

»Das Wahre war schon längst gefunden...« Das hermetische Wissen, nach dem unser Gehirn ein Abbild des Kosmos und der Kosmos ein Abbild unseres Gehirns ist, dass alles zusammenhängt in einem gigantischen Netz oder Gewebe des Lebens, findet in diesem Buch einen zeitgemäßen Ausdruck. Der Autor Pascal K'in Greub hat bei Mayameistern gelernt und herausgefunden, dass die Wissenschaft das schamanische Weltbild bestätigen kann. Vor dem Hintergrund seiner persönlichen Erfahrungen gibt er uns unterhaltsam und spannend Einblicke in die verschiedenen Dimensionen der »Lattice«, dieses »Kosmischen Mutternetzes«, und lädt die LeserInnen anhand praktischer Übungen ein, sie auch zu erfahren, zu erfühlen. Kopf-Wissen wird so zu Herz-Wissen.

Pascal K´in Greub
Lattice Surfing
Kosmisches Lebensnetz, Drachenkraft und die kommende Herzzeit
Paperback, 336 Seiten, zahlreiche Abbildungen, 16 Farbtafeln
ISBN 978-3-89060-635-4

NEUE ERDE im Buchhandel

Neue Erde ist ein kleiner unabhängiger Verlag, und der unabhängige Buchhandel ist unser natürlicher Partner. Wir unterstützen die Initiative »buy local«.

Sollte es Lieferschwierigkeiten bei den Büchern von NEUE ERDE geben, lassen Sie immer im VLB (Verzeichnis lieferbarer Bücher) nachsehen, im Internet unter **www.buchhandel.de**

Alle lieferbaren Titel des Verlags sind für den Buchhandel verfügbar.

Auch mobil können Sie, zum Beispiel mit LChoice, unsere Bücher beim örtlichen Buchhändler kaufen.

Sie finden unsere Bücher auch auf unserer Homepage **www.neue-erde.de** oder in unserem Gesamtverzeichnis, welches Sie gerne hier anfordern können:

NEUE ERDE GmbH
Cecilienstr. 29 · 66111 Saarbrücken
info@neue-erde.de

NEUE ERDE